José Julián Isturitz

El Sistema de Seguridad y Emergencias

José Julián Isturitz

El Sistema de Seguridad y Emergencias

Marco organizacional

PUBLICIA

Imprint

Cover image: www.ingimage.com

Publisher:
PUBLICIA
is a trademark of
International Book Market Service Ltd., member of OmniScriptum Publishing Group
17 Meldrum Street, Beau Bassin 71504, Mauritius

Printed at: see last page
ISBN: 978-620-2-43014-2

Zugl. / Aprobado por: Donostia-San Sebastián

MARCO ORGANIZACIONAL DEL SISTEMA DE SEGURIDAD Y EMERGENCIAS

José Julián Isturitz

ISBN 978-84-697-5156-5

Contacto:

josejulian@isturitz.com

www.isturitz.com

2017

ÍNDICE

1 SINOPSIS

Este texto sobre el **marco organizacional del sistema de seguridad y emergencias** tiene como objetivo orientar al lector sobre el funcionamiento general de los diferentes actores que intervienen en el sistema de seguridad en su sentido más integral.

Analiza, cada una de las organizaciones o actores que intervienen en el sistema, tanto los servicios de bomberos, policía, emergencias médicas, salvamento marítimo, la protección civil, el voluntariado, etc.

Es un texto útil para tener una idea general del funcionamiento del sistema. Comienza con una visión global y características del sistema, continúa con cada organización en la que se menciona, tanto su concepción, marcho histórico, regulación como la situación actual de su prestación, así como sus características definitorias.

Es un texto útil para el profesional, tanto remunerado, como para el voluntario, que desee conocer el marco en el que trabaja. También, es útil para el alumno de pregrado, grado y postgrado, en los estudios de gestión del riesgo, seguridad y emergencias.

Finaliza con una seria de bibliografía, así como, direcciones web donde efectuar consultas. Además, cuenta con varias citas al pie de cada página, que permite también referenciar alguna otra documentación útil en la materia.

En definitiva, con la lectura de este manual podrá:

1. Conocer el marco teórico y organizacional y donde se realiza la actividad profesional en el campo de la seguridad integral.

2. Identificar los diferentes servicios y el marco del sistema de seguridad existente en la actualidad, tanto en términos de protección de las personas, como de los bienes y patrimonio común.
3. Identificar los diferentes modelos de gestión en los servicios de seguridad.
4. Saber el papel y las competencias tanto del personal remunerado que trabaja en el sistema, como los voluntarios.

2 MARCO TEORICO Y ORGANIZACIONAL DEL SISTEMA DE SEGURIDAD

2.1 Objeto de estudio

Con la finalidad de poder acotar bien el contenido del objeto de estudio, debemos acercarnos a él acometiendo primeramente sus entornos conceptúales, como son, principalmente el de la seguridad humana, como "principio" de las personas, la acción humana, como "dinámica" de ellas y la protección integral, como "valor" de éstas.

2.2 La seguridad humana:

Naciones Unidas, viene insistiendo en los últimos años en un nuevo concepto, como es el de seguridad humana, ligada al de la protección integral de las personas y los bienes.

Para BALLBE:

> *"En las sociedades avanzadas, la construcción del concepto acuñado por las Naciones Unidas de seguridad humana está dando un sentido integral y más completo de toda esta ingente emergencia de nuevos derechos y valores que se implantan y dan un nuevo sentido al papel del Estado y a los movimientos comunitarios"*[1].

Por otra parte, tiene vigor lo manifestado por BALLBE,

> *"Todo lo que se ahorra en Administraciones Públicas y profesionales de la prevención, se gasta en administración y profesionales de la represión del crimen"*[2] *(en este caso podemos asimilar crimen por situación crítica).*

---

[1] BALLBE, M., "Seguridad humana: del estado anómico al estado regulador", Prólogo a la edición española de: HOOD, C., El gobierno del riesgo, Ariel, Barcelona, 2006, pág. 15.

El Dr. Manuel Ballbé i Mallol, es Catedrático de Derecho Administrativo en la Universidad Autónoma de Barcelona, Delegado del Rector en la Escuela de Prevención y Seguridad Integral, de la que es su fundador y su principal impulsor académico. También, es miembro del Consejo de dirección del Centro de Investigación en Gobernanza del Riesgo.

[2] BALLBE, M., "El futuro del derecho administrativo en la globalización: entre la americanización y la europeización", en: *Revista de Administración Pública*, nº. 174, Madrid, 2007, págs. 215-276. Disponible en:

MISES, define la acción humana como un "rasgo especifico por excelencia de la vida humana, de carácter planificado, racional, erróneo y evaluable"[3] y para AMALBERTI, "ciertos procesos técnicos impiden el desarrollo de las protecciones naturales que desarrollan los operadores contra sus propios errores"[4]

Para MASLOW[5], existen una serie de "necesidades básicas" que las categoriza con una "jerarquía de necesidades" de forma que estas configuran una pirámide, la conocida como "pirámide de Maslow"[6], la cual se estructura con una serie de cinco niveles o estratos. En la base de la pirámide, es decir, en la parte considerada como necesidad más básica, están la de carácter fisiológico, como son: la respiración, la alimentación, el descanso, la continuidad de la especie o la homeostasis. Inmediatamente por encima, en el segundo nivel, se encuentra la seguridad, concretamente la seguridad física, la del empleo, la de recursos, moral, familiar, de salud y de propiedad privada. Le siguen en el resto de niveles, la afiliación, el reconocimiento y la autorrealización.

---

http://www.cepc.gob.es/publicaciones/revistas/revistaselectronicas?IDR=1&IDN=626&IDA=26537

[3] MISES, L., *La acción humana*. Fundación Ignacio Villalonga, Valencia, 1960, pág. 64.

Ludwig Von Mise, fue un reconocido economista austriaco que escribió el "Tratado de economía", escrito en 1949.

[4] *Ver:* AMALBERTI, R., *Acción humana en los sistemas de alto riesgo*, Modus Laborandi, Madrid, 2009. René Amalberti es profesor de medicina, fisiología y ergonomía. Asesor Senior de Seguridad del Paciente, en la Haute Autorité de Santé, participo en los principales programas europeos de investigación sobre el error humano y la gestión del riesgo y llevó a cabo la investigación en el campo de la medicina de los errores médicos, seguridad del paciente, el enfoque de sistemas, y la resiliencia. Ha publicado más de 100 artículos y capítulos internacionales y es autor o coautor de 10 libros.

[5]MASLOW, A., Brooklyn, Nueva York, (1908-1970), Palo Alto, California, fue un psicólogo estadounidense conocido como uno de los fundadores y principales exponentes de la psicología humanista. [www.maslow.com]

[6] Disponible en: http://webspace.ship.edu/cgboer/maslowesp.html

Como vemos, la seguridad ocupa el segundo lugar más importante en la jerarquía de valores de los humanos.

La seguridad humana tiene como:

> *"Características inherentes a la definición de este concepto: (...) interdependencia, multidimensionalidad, universalidad y prevención. Con las siete dimensiones que lo constituyen: seguridad económica, Seguridad alimentaria, Seguridad en la Salud, Seguridad ambiental, Seguridad personal, Seguridad de la Comunidad y Seguridad pública"*[7].
>
> *La seguridad ha venido siendo considerada como un elemento instrumental, es decir, un hecho aislado, útil para un momento determinado. No obstante, actualmente la entendemos como parte de la estrategia transversal de la empresa, como parte de un todo y útil para la calidad de la organización.*

2.3 Visión integral.

En el ámbito de la seguridad pública, se han implantado los planes de emergencia, y en los próximos años, veremos una gran expansión de los de autoprotección, pero en términos de seguridad pública, es decir, desde un punto de vista global, cuando hablamos de seguridad, nos estamos refiriendo generalmente a la integración de dos conceptos que en ingles están diferenciados. Por una parte, la *security* y por otra *safety*, entendiendo la primera como el área de protección de la seguridad desde un punto de vista de Seguridad Ciudadana, y la segunda, como ámbito de la Atención de Emergencias y Protección Civil.

En España, esta diferenciación está tendiendo a englobarse bajo el nuevo concepto de "seguridad y emergencias" y en algunos entornos, como protección y seguridad. En cualquier caso, el término Plan de Seguridad es una denominación ambigua que actualmente no define claramente su

---

[7] FERNANDEZ, P., Tesis doctoral: *Seguridad humana,* depositada en la Universidad Autónoma de Barcelona, 2005, pág. 15. Disponible en:

http://www.tdx.cat/bitstream/handle/10803/5229/jcfp1de1.pdf?sequence=1

El Dr. Pablo Fernández Pereira, es profesor en el Grado en Seguridad y Emergencias de la Universidad de Las Palmas de Gran Canaria y fue Responsable académico de la Academia Canaria de Seguridad en el Gobierno de Canarias.

contenido, ya que puede referirse a ámbitos diversos de la seguridad integral.

La tendencia actual es la de generar *Planes de Seguridad Integrales*[8], es decir, planes de seguridad que aborden de manera global la solución a las demandas de los ciudadanos en materia de protección de personas, bienes y patrimonio común. Debemos huir de denominar como *integral* a aquellos planes que no cumplan esta condición de globalidad, ya que se suele tender a denominar así a aquellos otros que no lo son, por el mero hecho de adornar su denominación.

De alguna manera, esto vino a sugerirse con el propio concepto de seguridad pública como servicio, aunque el término, *pública* induce a eliminar por error, el ámbito regulado por la Seguridad Privada que también se incluye en el concepto global de seguridad pública.

La implantación de nuevos campos de la seguridad, como la vial, la protección de riesgos laborales, la portuaria, etc., está haciendo cada vez más integral este concepto, por lo que estamos asistiendo a un nuevo concepto de la gestión de riesgos, como es la Seguridad Integral, en el que se incluyen los siguientes instrumentos de planificación:

- Plan de seguridad de las instalaciones.
- Plan de protección corporativa.
- Plan de autoprotección de edificios.
- Plan de emergencia interior y exterior.
- Plan de prevención de riesgos laborales.
- Plan de crisis.

[8] *Ver:* ISTURITZ, J.J., "Planificación integral de la seguridad", en: *Cuadernos de seguridad*, nº 282, Madrid, 2013, págs. 84-86.

- Plan de seguridad vial.

También se utilizan términos, como plan de evacuación, de Protección Civil, de cierre, de seguridad, etc., que deben considerarse incluidos en los mencionados anteriormente por ser de carácter más general.

Como vemos, se trata de un conjunto de planes, que abordan los diferentes riesgos existentes en un determinado ámbito, tanto geográfico, como de actividad de una instalación, empresa u organización.

Se considera que la seguridad es un todo de forma que, en el marco de la legislación actual y de las competencias existentes, debe concebirse la seguridad de manera integral e integrada, como un conjunto de elementos que, debidamente catalizados y logradas las sinergias, actúen como un Sistema.

Todas las administración públicas tienen alguna competencia en materia de seguridad integral (incluidas las Diputaciones/Cabildos/Consejos insulares), pero la más cercana al ciudadano y donde este tipo de servicios se perciben mejor es en el Municipio que cual tiene competencias claras relacionados con las emergencias y las situaciones de grave riesgo, donde los más probables son los tecnológicos, además de los provocados por la naturaleza, fundamentalmente, las lluvias torrenciales, fenómenos de sequía y fuertes nevadas.

Por ello, es el momento de actuar para proteger la vida de las personas y el patrimonio público [común], mediante políticas públicas frente al riesgo[9], cercanas al ciudadano y dirigidas y controladas desde la autoridad administrativa, donde se ha demostrado ser más eficaz en este tipo de acciones.

---

[9] KAHNEMAN, D., "Políticas frente al riesgo", en: *Pensar rápido, pensar despacio,* Debate, Barcelona, 2012, pág. 436 y ss. El Dr. Daniel Kahneman, es el primer no economista, premio Novel de economía y ocupa la cátedra de psicología en la Universidad de Princeton.

Es el momento, por tanto, de actuar sobre la seguridad y asumir el liderazgo para lograr que, además de *estar seguros*, lo *percibamos así.*

Para BALLBE:

> *"Estamos entrando en una nueva era en la visión de la seguridad integral, en el sentido de coger todos los temas que nos afectan y analizar sus datos y determinar cuáles son las causas que motivan las mayores posibilidades de morir"*[10].

Seguridad y calidad, actualmente vienen muy unidas, ya que en gran medida una, trae a la otra. Cuando hablamos de seguridad y calidad, significa aportar valor al cliente, superar sus expectativas, minimizar las pérdidas que un producto pueda causar a la sociedad, mantener la satisfacción del cliente y entregarle lo que nunca se había imaginado que quería y que una vez que lo obtenga, se dé cuenta que era lo que siempre había querido.

> *"La seguridad humana, (...) se ha convertido en un elemento trasformador de las concepciones que hasta ahora se han mantenido sobre el significado de la seguridad en el mundo. Su aportación más destacada es haber señalado el camino para examinar la seguridad centrada en la gente más que en los Estados"*[11].

Por otra parte, ANITUA, afirma que:

> *"La seguridad como valor absoluto no existe y por tanto no podemos nunca alcanzarla totalmente. Podemos decir que la búsqueda de la seguridad es un camino que no tiene final"*[12].

Pero, necesitamos aceptar la inseguridad,

> *"(...) una aceptación sin reservas de la inseguridad inherente a la existencia, por efecto de la ley del esfuerzo invertido, nos puede aportar una autentica seguridad. Claro está, ello significa asumir plenamente que vivimos una*

---

10 BALLBE, M., "Seguridad integral: un nuevo concepto", en FERNANDEZ, P., Seguridad humana, Barcelona, 2006, pág. 120.

11 FERNANDEZ, P., Tesis doctoral: *Seguridad humana,* obra citada., pág. 463.

12 ANITUA, P., *Manual de protección civil*, Gobierno Vasco-Eusko Jaurlaritza, Vitoria-Gasteiz, 2006, pág.19. Pedro Anítua Aldekoa, es Director de Protección Civil y Atención de Emergencias, en el Gobierno Vasco. Ha sido también, Subdirector General-Jefe de la División Operativa en la Dirección General de Emergencias, de la Generalitat de Catalunya y Jefe de Formación de la Dirección de Protección Civil del Gobierno Vasco.

> *existencia finita, llena de percances y cuyo final inevitable es la muerte. Y actuar en consecuencia, por supuesto."*[13]

Pero la seguridad es un derecho,

> *"(...) el derecho a la seguridad como derecho humano más esencial, a la vida, a la integridad moral y no es más que un derecho a la seguridad preventiva. Y para conseguirla es imprescindible que las administraciones públicas se impliquen activamente"*[14].

En la actualidad, los servicios de seguridad pública son principalmente atendidos por dos grandes grupos de organizaciones. Por un lado, la seguridad en términos de seguridad ciudadana, que la prestan los cuerpos policiales, tales como, Cuerpo Nacional de Policía, Guardia Civil, Policías Autonómicas y Policías Locales, así como, las Policías Portuarias, Aduanas e incluso por las Policías Militares. Por otro, fundamentalmente los de atención a la urgencia y emergencia sanitaria y los de prevención, extinción de incendios, salvamentos y protección civil.

Cuando hablamos de seguridad estamos ante un concepto de protección sobre la seguridad de las personas, los bienes y el patrimonio común, es decir, sobre el individuo como persona y sociedad; sobre las cosas (bienes) y sobre lo que es de todos (patrimonio común).

2.4 Características de la seguridad

La seguridad, presenta una serie de características singulares que la hacen propia. Como son:

a) La subjetividad, ya que depende de la percepción del usuario y por lo tanto, del valor que éste le dé.

---

[13] CURBET, J., *Un mundo inseguro.* Universidad Abierta de Catalunya, Barcelona, 2011, pág. 71. Jaume Curbet Hereu, fue profesor de la Universidad de Girona y de la Oberta de Catalunya. Autor de varios libros y artículos relacionados con la seguridad pública- Fallecido en mayo de 2011 (q.e.p.d.).

[14] BALLBE, M., "El derecho a la seguridad", en: *La Vanguardia*, 28 de mayo de 2006. Disponible en: http://www.caffereggio.net/2006/05/28/el-derecho-a-la-seguridad-de-manuel-ballbe-en-la-vanguardia/

b) Debe ser planificada, teniendo una dimensión previa en la fase de previsión[15].

c) Maneja lo prohibido, en tanto en cuanto utiliza un elenco de variables que al común de los mortales le son ajenos y lejanos. Su fin último es el cuidado de la vida.

d) Es sumatoria, ya que, al considerarla integral, su resultado es más que la mera suma de sus componentes.

e) Destaca, ya que sus resultados suelen ser en muchas ocasiones espectaculares.

2.5 Dimensiones

La seguridad tiene **cuatro dimensiones:**

a) Carácter integral, en tanto en cuanto es global y aborda las diferentes seguridades que existen.

b) Integrada, ya que la seguridad debe estar imbricada en el tejido social de la organización para que todos sus componentes la interioricen y les sea significativa.

c) Es única y debe ser vista en su totalidad, como un solo elemento.

d) Debe ser eficiente, es decir, no solo eficaz, sino, además, al menor precio posible.

2.6 Características de los servicios de seguridad pública

Los servicios de seguridad pública tienen las siguientes características:

a) Responden a un interés público.

---

[15] Previsión: entendida como pre-visión, es decir, "ver antes de". Enfoque dado por el Dr. Miguel Morón Miguel, Doctor Ingeniero Industrial. Fue Director General de Protección Civil en el Gobierno Vasco (1985-1989). Consultor, entre otras materias, de "análisis de valor sistémico".

b) Son servicios de titularidad pública.

c) Su prestación está generalizada.

d) Responde a principios de acceso universal, equidad y eficiencia.

e) Su financiación es mixta.

f) La acreditación es pública.

g) El control de la prestación es público.

h) Las personas que prestan el servicio están efectuando "funciones públicas" (no confundir con "funcionario público"), a tenor de que el servicio prestado es de naturaleza pública y con independencia de cuál sea su estatuto o relación laboral.

i) La prestación del servicio puede ser pública o privada.

Cabe decir que, todo este trabajo está enfocado bajo una concepción de la seguridad, entendida como **protección y seguridad integral**, es decir, como protección integral de las personas y bienes, en los términos acuñados por BALLBE como "protección y seguridad integral" [16], pero también, bajo la concepción de una extraña relación entre la seguridad y la humanidad ya que, en términos de ANITUA, "(...) comienza una historia de encuentros y desencuentros, en los que el ser humano genera las nuevas situaciones de riesgo, muchas veces sin las medidas correctoras o minimizadoras oportunas" [17] y también, coincidiendo con VARO, [18] de "carácter multidisciplinar"[19].

---

16 BALLBE, M., "Seguridad humana...", obra citada, págs. 11 y ss.

[17] ANITUA, P., Manual de protección civil, obra citada, pág. 23.

[18] Don José Miguel Varo León, Médico Intensivista, fue Director General de Atención Hospitalaria de la Junta de Andalucía. También, como Vicepresidente Ejecutivo de la Cruz Roja Española fue el principal impulsor de su modernización.

[19] VARO LEON, J. M., "Efectos de las catástrofes sobre la salud", en: Sociedad Internacional de Medicina de Emergencias, nº 32, Petit-Lency (Suiza), 1987, pág. 5.

2.7 **El entorno jurídico macro.**

El enfoque jurídico en materia de seguridad pública ha ido evolucionando sensiblemente, sobre todo en las últimas dos décadas y lo ha sido de manera muy diferente de unas materias a otras, de forma que puede detectarse como la *regulación predetermina el comportamiento*[20], también en este tipo de servicios.

El concepto de seguridad pública ha sido farragoso e interpretado en varias ocasiones por el Tribunal Constitucional ya que la Ley de Fuerzas y Cuerpos de Seguridad establece que,

> *"1 La Seguridad pública es competencia exclusiva del Estado. Su mantenimiento corresponde al Gobierno de la Nación.*
>
> *2. Las Comunidades Autónomas participarán en el mantenimiento de la seguridad pública en los términos que establezcan los respectivos Estatutos y en el marco de esta Ley.*
>
> *3. Las Corporaciones Locales participarán en el mantenimiento de la seguridad pública en los términos establecidos en la Ley reguladora de las Bases de Régimen Local y en el marco de esta Ley.*
>
> *4. El mantenimiento de la seguridad pública se ejercerá por las distintas Administraciones Públicas a través de las Fuerzas y Cuerpos de Seguridad"* [21]

El apartado 1 anterior sugirió una interpretación restrictiva por parte de la Administración General del Estado que tuvo que ser aclarado por el mencionado Tribunal Constitucional, como veremos con posterioridad.

En términos generales, la normativa principal que es aplicable es la siguiente en el ámbito local:

a) La Ley de Bases de Régimen Local.

b) La Ley de Fuerzas y Cuerpos de Seguridad.

c) La Ley del Sistema Nacional de Protección Civil.

---

[20] Ver KAHNEMAN, D., Pensar rápido, pensar despacio, obra citada.

[21] Artículo 1 de la Ley Orgánica 2/1986, de 13 de marzo, de Fuerzas y Cuerpos de Seguridad. Disponible en: https://www.boe.es/buscar/act.php?id=BOE-A-1986-6859

Todas ellas serán vistan con detalle en siguientes apartados aplicadas a cada tipo de servicio.

2.8 De la Protección Civil y Atención de Emergencias.

En teoría, el concepto de Protección Civil se circunscribe a las situaciones excepcionales relacionadas con las catástrofes (grave riesgo, catástrofe y calamidad pública).

Pero, comenzamos a darnos cuenta de que algo que no se utilizaba habitualmente, sino que su uso se limitaba a momentos especiales y que no sabíamos cuando iba a ocurrir, resultaba un sistema caro e ineficaz[22], toda vez que, cuando era necesario no funcionaba. Esto hizo que esta idea de carácter limitativo entrara en decadencia.

Fue apareciendo progresivamente el sentir generalizado de que, aquello "que no se usa todos los días, no funciona en una situación excepcional"[23].

La primera Ley de Protección Civil[24], circunscribió esta materia, al menos, como veremos, en la teoría, a las situaciones de *grave riesgo, catástrofe y calamidad pública*. Esta Ley fue recurrida al Tribunal Constitucional y "de facto" dejada sin efecto.

La incertidumbre por la que esta etapa se caracterizó, desde 1985 hasta 1990, hizo que en muchas Comunidades Autónomas no se impulsara esta materia[25] ya que, ni producía transferencia de equipos humanos, ni de

---

[22] *Ver* ANITUA, P., *Manual de protección civil*, obra citada, págs. 23 y ss.

[23] Frase reiteradamente repetida por Ricardo Olabegoya Venturini, que fue primer Director de Protección Civil de Euskadi, posteriormente entre otros cargos, Director General de Interior del Gobierno de Navarra y Director General de Emergencias en la Generalitat de Catalunya. Durante el mandato del Sr. Olabegoya, en 1983, se crearon los centros de coordinación operativa del Gobierno Vasco, que dieron lugar a varias Sentencias del Tribunal Constitucional que marcaron la nueva dinámica de la Protección Civil en el Estado Español. Para el autor de este texto, un verdadero "Maestro".

[24] Ley 2/1985, de 21 de enero, sobre Protección Civil.

[25] *Ver* BALLBE, M., "El futuro del derecho administrativo en la globalización…", obra citada

medios materiales, ni tampoco recursos económicos. Mientras, otras Comunidades, esperaban al resultado de la sentencia.

La Ley nació por tanto "herida" desde un punto de vista práctico y constantemente había en el sector, un sentir generalizado sobre su no aplicabilidad, cuestionado su ámbito conceptual y competencial.

Posteriormente, en 1992, la Norma Básica de Protección Civil[26], teniendo ya en cuenta las mencionadas sentencias, nos ubicó definitivamente en la situación actual, redistribuyendo las competencias y permitiendo una participación activa de todas las Comunidades Autónomas.

En la práctica, desde 1985 hasta 1992, los movimientos que se hicieron en España en materia de Protección Civil fueron titubeantes y llenos de obstáculos.

Se puede afirmar que, a partir de 1992, comienza con carácter general, un nuevo impulso del concepto actual de Protección Civil. Salvo excepción hecha de alguna Comunidad Autónoma, como la de Euskadi o Catalunya, que ya llevaban algunos años actuando en esta materia, fue entonces cuando realmente comenzó a despegar, este servicio.

A partir de entonces, comienza a estar operativa la Comisión Nacional de Protección Civil[27], instrumento en el que participa la Administración General del Estado y las Comunidades Autónomas y que es un verdadero catalizador e integrador del sistema.

---

[26] Real Decreto 407/1992, de 24 de abril. http://www.boe.es/buscar/doc.php?id=BOE-A-1992-9364

[27] La Comisión Nacional de Protección Civil es un órgano colegiado interministerial, dependiente del Ministerio del Interior, que tiene por finalidad la coordinación entre los órganos de la Administración General del Estado y las administraciones de las comunidades autónomas, en materia de Protección Civil, para la eficaz actuación de los poderes públicos en orden al estudio y prevención de las situaciones de grave riesgo colectivo, catástrofe o calamidad pública, y a la protección y socorro de personas y bienes en los casos en que dichas situaciones se produzcan. (Artículo 17 de la Ley 2/1985). Fuente: Ministerio del Interior. http://www.proteccioncivil.org/comision-nacional

2.8.1 La aportación de la emergencia ordinaria para la extraordinaria.

A partir de comienzos de la década de los noventa, aparecen nuevas tendencias, en lo que se llamó "coordinación operativa" ya que fue tomando cuerpo la idea de que algo debía cambiar, lo que fue generando verdaderas crisis en los servicios convencionales de emergencias, concebidos hasta entonces, exclusivamente como dispositivo para actuar, únicamente en caso de emergencia excepcional.

En definitiva, se trata de considerar que la emergencia ordinaria permite solventar la emergencia extraordinaria, o lo que es lo mismo, que, si estamos bien preparados para responder adecuadamente a las necesidades de las emergencias ordinarias, mejor lo estaremos frente a las extraordinarias.

Coincido con ANITUA, en el sentido de que:

> *"Para que un sistema de atención de emergencia sea eficaz, la organización debe de mantener el pulso del día a día, no teniendo mucho sentido una organización desengrasada, sin práctica, solo dispuesta para intervenir en grandes siniestros que por su poca frecuencia no van a contar con personal entrenado y experimentado"*[28].

De esta manera, va apuntalándose el concepto de coordinación, desde un punto de vista operativo, engranado a través de los centros 1-1-2, de forma que, en los servicios más modernos, en los que el nuevo concepto de Atención de Emergencias viene a complementar al de Protección Civil, cada vez es más el apoyo que se da a esta coordinación de las operaciones. Principalmente, los más avanzados en este aspecto han sido originalmente Catalunya, Euskadi y Canarias y posteriormente, Galicia, Valencia y Andalucía.

---

[28] ANITUA, P., *Manual de protección civil*, obra citada, pág. 310.

Cabe por lo tanto diferenciar entre, situaciones de emergencia extraordinaria, accidentes de múltiples víctimas y emergencia ordinaria. Esta clasificación se efectúa en función de los siguientes parámetros:

a. Zona afectada por el incidente.
b. Medios necesarios para combatir la situación.
c. Capacidad de respuesta de los sistemas de seguridad pública existentes.

Por lo tanto, un determinado incidente, puede producir una situación considerada de diferente manera, según se aplique alguna de las variables mencionadas anteriormente, ya que un mismo incidente, en zonas geográficas distintas, puede producir más daños que en otras, e incluso, aun produciendo el mismo daño, la capacidad de resolución que tiene el sistema de emergencia, ser diferente de unos lugares a otros.

Para demostrar esta afirmación reflexionemos en cómo es posible que, en una determinada localización, en la que se produce un incidente con cerca de doscientos éxitus y un millar de heridos, no se generó "situación de catástrofe", mientras que hay incidentes, en los que el número de víctimas es incluso inferior y en otros lugares, han sido considerados como catástrofe.

2.8.2 Un nuevo concepto: la atención de emergencias.

Esta situación anómala de carácter competencial, entre las Comunidades Autónomas y el Estado en materia de Protección Civil, vino a influir en la aparición de un nuevo concepto, el de "atención a las emergencias" o más comúnmente denominado, "Atención de Emergencias".

Las causas que, a mi criterio, han favorecido la generación de este reciente concepto, han sido:

1.- Por una parte, circunscribir la "Protección Civil" a los meros casos de grave riesgo, catástrofe o calamidad pública, es desconocer totalmente la realidad cotidiana de la intervención en gestión de riesgos, ya que estas situaciones son las de menor frecuencia, las que necesitan la intervención de muchos recursos que atienden ordinariamente a situaciones de emergencia, y por último, de gran impacto social. Además, estas disquisiciones conceptuales no llegan al ciudadano ordinario, ni probablemente al profesional, ya que una situación de emergencia es algo subjetivo, que perciben las personas y donde no se puede pretender responder en función de parámetros que solo pueden tenerse en consideración en el marco teórico, en el aula y no en la operativa diaria.

2.- Por otra, el hecho de que la Administración General del Estado, con un aparente gran interés en este tipo de competencias, no se ocupó de la atención a la emergencia ordinaria, sino que parecía interesarle solo la excepcional (grave riesgo, catástrofe o calamidad pública), de forma que dejó en manos de la Administración Autonómica y Local, un interesante "nicho de mercado", como era la atención a la emergencia ordinaria. Esta demanda social fue rápidamente detectada y atendida por estas administraciones emergentes, que tenían gran avidez de competencias, siendo más cercana al ciudadano, de forma que pronto se "hicieron cargo" de esta "nueva Protección Civil".

3.- En tercer lugar, el mantener un desenfoque sobre la forma de entender la Protección Civil y la falta de asunción por parte de la Administración General del Estado (AGE), a las Comunidades Autónomas como parte de la Protección Civil, pese a que así lo estableció el Tribunal Constitucional y evitar que estas últimas participen en Instituciones Estatales.

Cabe citar aquí, de manera muy singular a BALLBE, sobre "la doctrina de la soberanía dual", al afirmar que:

> "La doctrina de la soberanía dual no significa que la Administración federal y la estatal no puedan cooperar. Lo que pretende esta doctrina en auge, es que se respeten y se reconozcan las funciones y los poderes esenciales de las administraciones estatales [en España, las Comunidades Autónomas] y que estas no queden relegadas como si fueran administraciones de segunda categoría a las que dar órdenes y aplicar una visión de la cooperación, como cooperación imperativa de la Administración considerada «superior». La doctrina de la soberanía dual pretende que el poder federal actúe con formas más respetuosas y menos coercitivas. Por tanto, podemos afirmar que es una forma de intensificación de un gobierno dual, cooperativo y competitivo a la vez en según qué cuestiones, y que no excluye la participación conjunta en instituciones nacionales"[29].

4.- La disputa de competencias generada a raíz de los centros de coordinación operativa del País Vasco y posteriormente con la Ley de Protección Civil, fue haciendo ver a los juristas, que nos encontrábamos con una materia conflictiva, no aclarada en la Constitución, y, por lo tanto, algunos prefirieron circunvalar esta materia e ir abordando otros caminos.

---

[29] BALLBE, M., MARTINEZ, R., *Soberanía dual y constitución integradora...",* obra citada, pág. 183.

Por lo tanto, el concepto de "Protección Civil" en sí mismo, ha experimentado una constante evolución[30], ya que el aspecto limitativo, que impuso originariamente la Ley de Protección Civil a determinadas situaciones de carácter excepcional, en la práctica se ha sobrepasado, llamando Protección Civil, prácticamente a todo dispositivo de respuesta a situaciones de emergencia, tanto de carácter extraordinario, como ordinario. Por ello, son las circunstancias y necesidades de la población las que están ampliando este enfoque hacia un concepto más integral y orientado hacia el mercado y sus clientes, en vez de al propio servicio en sí mismo.

Así se está consolidando este nuevo concepto, el de "*Atención de Emergencias*", acuñado originalmente en Euskadi[31], al que posteriormente se han sumado otras Comunidades Autónomas, entre otras: Catalunya y Canarias e incluso la Administración General del Estado, ya que, por primera vez, denomina a la Dirección General de Protección Civil, también como de Emergencias en su última remodelación del Gobierno de 2004.

Coincido con CHULIA, en el sentido de que:

> *"El problema fundamental de la «gestión» radica en el hecho de que las rupturas continuas obligan a un esfuerzo de adaptación permanente. El intentar una orientación estratégica y una formulación de propuestas, puede ayudar a los responsables en sus decisiones, haciendo énfasis en el hecho bien conocido de una orientación pluridisciplinaria, evitando localizar el problema en una sola institución, la «Sanidad», la cual se ve siempre sometida a una mayor presión asistencia, la mayoría de las veces en forma desordenada"*[32].

---

[30] *Ver* MORA, F., "Una aproximación al estudio de la Protección Civil como política pública", en: *Revista de Documentación*, Ministerio de Justicia e Interior nº 9, Madrid, 1995, págs. 33-62.

[31] En 1996 el Parlamento Vasco, comenzó utilizando la denominación de "gestión de emergencias" y no de Protección Civil, mediante la Ley 1/1996, de 3 de abril, de gestión de emergencias, en la que destaca el título del Capítulo III, al denominarlo como "gestión de emergencias no calamitosas". De hecho, la Dirección de Protección Civil (rango de Dirección General) pasó a denominarse Dirección de Atención de Emergencias.

[32] CHULIA, V., "Introducción", en: *Manual de asistencia sanitaria en las catástrofes,* Aran, Madrid, 1992, pág. 15. El Prof. Vicente Chuliá Campos (q.e.p.d.) fue Catedrático de Anestesia y Reanimación en el Hospital Clínico de Valencia, Universidad de Valencia.

Como vemos, partimos de una materia compleja, con connotaciones sociales y políticas muy importantes y donde las diferentes Administraciones Públicas no la percibieron como suya, sino del Estado. Donde el propio concepto en sí mismo, era discordante entre la teoría de la Ley y la realidad, de forma que las Comunidades Autónomas, fueron popularizando, a través de sus normas autonómicas, este nuevo concepto de gestión de emergencias que, en definitiva, ha resultado intercambiable con el de Protección Civil[33].

Para IZU, hay una serie de elementos comunes entre la definición de "Protección Civil" que el legislador recoge en la Ley de Protección Civil, con los de "gestión de emergencias", recogidos en las de las Comunidades Autónomas, y son los siguientes:

> *"Son actuaciones urgentes de protección de personas, bienes y medio ambiente.*
>
> *Tanto ante casos de emergencia ordinaria, según define la Ley Cántabra: "situación que, sin implicar grave riesgo colectivo ni suponer catástrofe o calamidad pública, requiere la intervención de medios y servicios de protección y auxilio a las personas y a los bienes", o de emergencia no ordinaria "situación que, por afectar a una pluralidad indeterminada de personas o de forma genérica a la población, tiene la condición de catástrofe o calamidad pública y hace necesaria la adopción de medidas extraordinarias para hacer frente a la misma".*
>
> *La emergencia supone una situación sobrevenida de modo súbito y que exige la adopción inmediata de medidas de intervención para atajar el riesgo o para minimizar los daños"*[34].

Además, coincido plenamente con IZU, cuando afirma:

---

[33] De hecho, en ingles se está utilizando la expresión "Emergency management", sustituyendo a la de "Civil Defense o Civil Protection", hasta tal punto que en USA, la máxima autoridad en esta materia es la "Federal Emergency Management Agency" (FEMA), creada en 1979. *Ver* http://www.fema.gov/

[34] IZU, M., "De la Protección Civil a la gestión de emergencias: la evolución del marco normativo", en: Revista Aragonesa de Administración Pública, nº 35, Zaragoza, 2009, págs.348- 349. El Dr. Miguel José Izu Belloso es un jurista y político español, cuya trayectoria profesional y política ha transcurrido en su comunidad natal, Navarra. Licenciado en Ciencias Políticas y Doctor en Derecho. Ha desarrollado su vida profesional primero como abogado y luego como funcionario de la Administración de la Comunidad Foral de Navarra, actualmente como vocal del Tribunal Administrativo de Navarra, y como profesor universitario de Derecho Administrativo.

> *"Resulta pues, que la gestión de emergencias es una materia más amplia que la Protección Civil, ya que abarca tanto las situaciones catastróficas (propias de la Protección Civil), como las no catastróficas u ordinarias, cuya atención corresponde a las Comunidades Autónomas[35]".*

En cualquier caso, fue con la aparición de los 1-1-2 (uno, uno, dos), en 1997, cuando se originó un nuevo punto de inflexión en esta materia, dado que la Administración General del Estado, determinó que esta competencia quedaría en manos de las Comunidades Autónomas, lo que hizo que muchas de ellas, debieran acometer, no sin dudas, una nueva tarea que, en la práctica, supondría un nuevo impulso a la política de seguridad propia.

En este sentido, cabe destacar la Comunidad Autónoma de las Islas Canarias, aprobando en 1997, el Plan de Seguridad Canario[36], entre cuyas líneas de actuación, se encontraba la puesta en servicio del Teléfono Único de Urgencias, mediante un modelo "coordinador", que englobaba en una misma sala operativa a representantes operativos de los servicios de Emergencias Médicas, Bomberos, Policía local, Guardia Civil y Cuerpo Nacional de Policía, bajo la coordinación de un Jefe de Sala, perteneciente a una sociedad pública del Gobierno de Canarias. Años más tarde, en 2010, un modelo semejante se reproduce en la sala operativa de Reus, del 112 de Catalunya.

De esta manera, se va consolidando el modelo ya comentado de gestión de emergencias, de forma que, como afirmaba también OLABEGOYA, "lo que es bueno para la emergencia ordinaria, es bueno para la excepcional".

---

[35] IZU, M., "De la Protección Civil a la gestión de emergencias…", obra citada, págs. 349.

[36] El Plan de Seguridad Canario fue aprobado por el Consejo de Gobierno de Canarias el 30 de abril de 1997. Uno de sus redactores es el autor de este texto.

http://www.gobiernodecanarias.org/dgse/descargas/plansegcanario.pdf

Pero lo que todavía "falta es que la sociedad asuma definitivamente una necesaria cultura de la autoprotección" [37] y que las diferentes Administraciones Públicas entiendan que los planes de emergencia y autoprotección no son instrumentos para "decorar bibliotecas" sino verdaderos elementos de planificación y organización al servicio, entre otros de los servicios operativos que prestan la atención en caso de emergencia.

2.9 Enfoque y aportaciones de la seguridad

La seguridad aporta tres elementos importantes al tejido social

a) Contribuye a la riqueza de un territorio.

b) Es un elemento de cohesión social

c) Es una inversión

2.9.1 Visión sistémica de la seguridad

La seguridad es una materia de carácter sistémico, es decir, el resultado obtenido es más que la mera suma de sus componentes. De ahí que su funcionamiento deba lograr una optimización de recursos que permitan aunar contenidos, así como una mejor cooperación y coordinación.

Por otra parte, estamos ante un concepto integral, es decir global, que afecta a varias materias, como son las siguientes: seguridad ciudadana, atención de emergencias, protección civil, circulación vial, seguridad laboral, todo ello en los diferentes entornos posibles, tanto terrestre (civil, ciudadana, etc.), acuático (portuaria, marítima, etc.), aérea (seguridad aeroportuaria).

---

[37] ISTURITZ, J. J., *La seguridad en Canarias 1999-2003*, Gobierno de Canarias, Las Palmas de Gran Canaria, 2003, pág. 164.

También nos encontramos ante un contexto integrado, es decir, significativo, entrelazado, comprometido e introducido en el tejido social de la organización que se trate, tanto privada como pública.

2.9.2 La seguridad como inversión.

Cualquier estrategia en la gestión de la seguridad requiere una inversión económica o humana; la dificultad radica en cómo medir el beneficio de esa inversión. El director de seguridad es un profesional, que con su gestión debe saber optimizar los recursos con que cuenta. Su presencia en la empresa es una inversión que incluso se puede medir no sólo a largo plazo, sino en corto también ya que también se debe valorar la imagen que transmite la compañía.

2.9.3 Proyecto estratégico

Nos encontramos ante un proyecto organizacional de carácter estratégico, es decir, que permite el dimensionamiento de una misión, diseño de estrategias y objetivos para realizar un cambio organizacional que permita dar "valor" a la empresa y realizar el proceso productivo empresarial en las mejores condiciones de bienestar posible.

Al tratarse de un proyecto estratégico, su posición debe ser cercana a la dirección y debe pretenderse la implicación máxima de la dirección de la organización.

2.9.4 Engloba seguridad de personas, los bienes y el patrimonio común.

Esta perspectiva integral de la seguridad, lo es tanto desde el punto de vista de la materia que se trata, como del objeto de la misma y de ahí que hablemos de la seguridad de tres componentes:

a) Las personas; entendida esta como el conjunto de seres humanos que bien tengan la condición de ciudadano/a o que visite el entono que se trate (turistas).

b) Los bienes; es decir la seguridad de las cosas.

c) El patrimonio común; es decir aquel que es de todos, como, por ejemplo, un parque, una farola o un bien público.

3 EL SERVICIO DE POLICIA

Entendemos como servicio de policía aquella prestación que protege el buen orden que se observa y guarda en una sociedad, cumpliéndose las leyes y normas establecidas para su mejor gobierno.

En este apartado, hacemos una primera aproximación macrohistórica a cada servicio, analizando sus antecedentes desde las primeras evidencias destacables.

3.1 Marco histórico y regulación

3.1.1 Marco histórico

En España existe una gran tradición y evolución de cuerpos policiales civiles, tales como:

> *" El Cuerpo de Protección y Seguridad Pública de 1844. El Cuerpo de Vigilancia de 1852. El celador de barrio. La celaduría de protección y seguridad. El Cuerpo de Vigilancia pública en 1858. Los cuerpos de Vigilancia y Seguridad en 1876. La Policía Judicial en 1886. El Cuerpo de Vigilancia en 1908. El Grupo sin uniformar del Cuerpo de Seguridad, en 1936, zona repúblicana. El Cuerpo Civil de Seguridad, en 1937, zona repúblicana. El Cuerpo de investigación y vigilancia, 1940, zona nacional. El Cuerpo General de Policía, en 1941. El Grupo femenino del Cuerpo General de Policía de 1974. El Subcomisariado en 1978. El Cuerpo Superior de Policía en 1978. El Cuerpo Nacional de Policía de 1986. El Cuerpo Auxiliar de la Policía de 1930 y la Escala Auxiliar. El Cuerpo de Auxiliares de Oficinas de la Dirección General de Seguridad en 1933. Los auxiliares femeninos del Cuerpo Auxiliar de Oficinas de la Dirección General de Seguridad de 1946. El Cuerpo Especial Administrativo de 1967"*[38].

[38] DE ANTON, J., *Historia de la policía Española,* Madrid, 2007. Disponible en: http://historianovel.blogspot.com.es/2007/10/historia-de-la-policia-espaola.html

3.1.2 Regulación del servicio de policía

Actualmente, el servicio de policía está regulado mediante la Ley de Fuerzas y Cuerpos de Seguridad[39] (erróneamente se le suele añadir "del Estado"). En ella, se establece que son Fuerzas y Cuerpos de Seguridad las siguientes:

> *"Las Fuerzas y Cuerpos de Seguridad del Estado dependientes del Gobierno de la Nación.*
>
> *Los Cuerpos de Policía dependientes de las Comunidades Autónomas.*
>
> *Los Cuerpos de Policía dependientes de las Corporaciones Locales"40*

Define las Fuerzas y Cuerpos de Seguridad del Estado, que ejercen sus funciones en todo el territorio nacional y están integradas por:

> *"El Cuerpo Nacional de Policía, que es un Instituto Armado de naturaleza civil, dependiente del Ministro del Interior.*
>
> *La Guardia Civil, que es un Instituto Armado de naturaleza militar, dependiente del Ministro del Interior, en el desempeño de las funciones que esta Ley le atribuye, y del Ministro de Defensa en el cumplimiento de las misiones de carácter militar que éste o el Gobierno le encomienden. En tiempo de guerra y durante el estado de sitio, dependerá exclusivamente del Ministro de Defensa"41*

Dedica un apartado específico a las Policías Locales que las define como,

> *"Institutos armados de naturaleza civil, con estructura y organización jerarquizada, rigiéndose, en cuanto a su régimen estatutario, por los principios generales de los capítulos II y III del título I y por la sección 4.ª del capítulo IV del título II de la presente Ley, con la adecuación que exija la dependencia de la Administración correspondiente, las disposiciones dictadas al respecto por las Comunidades Autónomas y los Reglamentos específicos para cada Cuerpo y demás normas dictadas por los correspondientes Ayuntamientos"*[42].

---

[39] Ley Orgánica 2/1986, de 13 de marzo, de Fuerzas y Cuerpos de Seguridad. Disponible en: https://www.boe.es/buscar/act.php?id=BOE-A-1986-6859

[40] Artículo 2 de la Ley 2/1986.

[41] Artículo 9 de la Ley 2/1986.

[42] Artículo 52 de la Ley 2/1986

3.2 Las policías dependientes de la administración general del estado:

3.2.1 Cuerpo Nacional de Policía

"La necesidad de dotar a las ciudades españolas de una estructura de seguridad moderna, lo que determinó que, en 1824, S.M. el Rey Fernando VII dictase la Real Cédula en la que se creaba la Policía General de Reino. Policía que, ya desde su origen, se pone a las órdenes de un magistrado con el título de Superintendente General.

Placa identificativa del CNP

La misma Real Cédula dedica un apartado especial a Madrid, ciudad que es dotada de una estructura de Comisarías de Distrito -de "cuartel" se decía entonces que, con las naturales evoluciones, se ha mantenido hasta nuestros días.

En ese mismo año se dictan los Reglamentos de Policía, tanto de Madrid como de las provincias colocando a estas últimas bajo las órdenes de Intendentes que respondían ante el Intendente General y dividiendo cada provincia en Subdelegaciones radicadas en las localidades o partidos importantes -126 entonces, - que constituyen el antecedente de la actual estructura en Comisarías Provinciales y Locales.

Es de destacar que la Cédula de 1824, configura la doble función que hoy tiene la policía moderna. Por una parte, velar por el libre ejercicio de los derechos ciudadanos persiguiendo a aquellos que los vulneran y poniéndolos en manos de la Justicia "en el plazo de ocho días, lo más tarde" según cita el Artículo XVI.

Además de esta función de policía judicial, la Real Cédula configura la otra gran función de la Policía en relación a la prestación del servicio público de seguridad "garantizando el bien y la seguridad pública" mensaje en el que -a pesar del tono ilustrado de las palabras- encuentra eco el moderno deseo de la Administración Pública de dar un servicio que asegure en bienestar y la calidad de vida de los ciudadanos"[43].

Conforme a la Ley Orgánica 2/86, de 13 de marzo, de Fuerzas y Cuerpos de Seguridad, el Cuerpo Nacional de Policía nace de la integración de los Cuerpos Superior de Policía y de Policía Nacional.

Tiene carácter de policía integral, su personal es funcionario y porta arma.

---

[43] Ministerio del Interior, "Origen de la policía española". Disponible en: http://www.policia.es/cnp/origen/origen.html

De este modo, además de solucionar posibles problemas de coordinación y mando, se pretendía homogeneizar, en un solo colectivo, Cuerpos que realizaban funciones similares o complementarias, para conseguir un incremento en la efectividad del servicio.

En el Cuerpo Nacional de Policía se integraron los funcionarios de los Cuerpos Superior de Policía y de Policía Nacional, que quedaron extinguidos.

3.2.2 Guardia Civil

"Al finalizar la Guerra de la Independencia contra Francia, la debilidad del Estado hace que la inseguridad se apodere de los caminos españoles. Los bandoleros habían sido un mal endémico en España desde la época romana y un fenómeno muy extendido durante el periodo musulmán, pero es desde 1814 cuando se adueñan literalmente de los caminos del país. En la guerra se había utilizado como método de lucha la guerrilla (la propia palabra surge en este conflicto), lo que provoca que, acabadas las hostilidades, queden diseminados por las zonas más agrestes de la península grupos de excombatientes o brigantes, desertores y delincuentes liberados que, inadaptados a la vida civil, hacen del bandolerismo (llamados así por figurar en algún bando de busca o captura) su forma de vida. En esta época entrarán en el folklore nacional personajes pintorescos como El Tempranillo, Andrés López Muñoz 'El Barquero de Cantillana', Juan Palomo, Luis Candelas, etc.

062 GUARDIA CIVIL

Anagrama de la Guardia Civil en la que aparece el número de teléfono abreviado 062

La gravedad del fenómeno hace que se intente establecer un cuerpo de policía de ámbito nacional que vele por la seguridad pública. Los progresistas de las Cortes de Cádiz reunifican la Milicia Nacional para combatir la inseguridad creciente. Ésta, pese a ser disuelta por Fernando VII, se reconstituye en 1820 para pasar poco después a denominarse "Cuerpo de Voluntarios Realistas".

En 1820, con el alzamiento de Riego, el teniente general D. Pedro Agustín Girón y de las Casas, primer duque de Ahumada, militar profesional de ideas liberales es nombrado Ministro de la Guerra. Desde este puesto concibe un proyecto de Instituto armado para el mantenimiento del orden público: la Legión de Salvaguardias Nacionales que, inspirada en la Gendarmería Nacional francesa, debería

> *combatir la delincuencia y garantizar la libre circulación de bienes y personas. Este proyecto no fue aprobado por las Cortes Generales por diversos avatares políticos, pero sin duda inspiró a su hijo, el segundo duque de Ahumada, en su idea de la futura Guardia Civil.*
>
> *En 1836, la desamortización de Mendizábal, expropiando las tierras de manos muertas del clero y subastándolas entre los pequeños propietarios, produce un fraccionamiento de la propiedad rural que plantea una mayor demanda de seguridad. El gobierno de Luis González Bravo suprimió la Milicia Nacional en 1844, lo que hacía cada vez más necesaria una institución de carácter nacional independiente de las oscilaciones de los distintos gobiernos"*[44].

Tiene carácter de policía integral, su personal es funcionario y porta arma.

3.2.3 La policía de aduanas

La policía de vigilancia aduanera pertenece a la Agencia Estatal de Administración Tributaria a través del Servicio de Vigilancia Aduanera (SVA) que tiene carácter policial y desarrolla su actividad en la lucha contra el contrabando, el blanqueo de capitales el fraude fiscal y el narcotráfico.

Sus operaciones e investigaciones están encaminadas a la represión de los delitos e infracciones tipificados en la Ley Orgánica de Represión del Contrabando, en todo el territorio español, su espacio aéreo, y sus aguas jurisdiccionales; si bien, los medios con que cuenta le permiten realizar intercepciones y abordajes de buques dedicados al tráfico de drogas en aguas internacionales.

Se encuentra regulado en la Ley 66/1997, de 30 de diciembre, de Medidas Fiscales, Administrativas y del Orden Social.

Su personal es funcionario y porta armas.

---

44 Ministerio del interior, Guardia Civil, Disponible en: https://www.guardiacivil.es/es/institucional/historiaguacivil/index.html

3.2.4 La policía portuaria

Es una clase de policía dependiente de las Autoridades Portuarias[45] y sus funciones, *grosso modo* son:

Realizar el control y vigilancia de la zona de servicio de la Entidad y de las operaciones marítimas y terrestres relacionadas con el tráfico portuario conforme a la normativa vigente y en condiciones de eficacia, eficiencia y seguridad.

Controlar los accesos a la zona portuaria y sus instalaciones y velar, en las mismas, por la seguridad de los empleados, usuarios, pasajeros y mercancías, colaborando con las Fuerzas y Cuerpos de Seguridad y la Administración de Justicia.

Realizar las actividades relacionadas con la apertura, cierre, custodia y vigilancia de instalaciones.

Controlar la seguridad vial y del transporte en la zona de servicio del Puerto

Controlar y fiscalizar las operaciones y servicios marítimo-terrestres, así como realizar los servicios auxiliares y manejo de la maquinaria o equipos que se asigne al servicio.

Controlar el cumplimiento de los Reglamentos de la Entidad. • Controlar y generar, en su caso, la documentación administrativa necesaria para la explotación portuaria.

Velar por el cumplimiento de las políticas de seguridad, protección de datos, calidad y medio ambiente establecidas en el ámbito de su ocupación.

Gestionar la documentación administrativa derivada de la actividad.

Apoyar a los distintos departamentos en las actividades relacionadas con el contenido de sus funciones. • Gestionar los recursos materiales asignados, utilizando todos los medios puestos a su disposición para el desempeño de sus funciones.

Cualquier otra actividad relacionada con la misión de la ocupación.

Está regulada por el Real Decreto Legislativo 2/2011, de 5 de septiembre, por el que se aprueba el Texto Refundido de la Ley de Puertos del Estado y de la Marina Mercante concretamente en su artículo 296 y siguientes.

---

[45] Organismo público dependientes de la Administración General del Estado encargadas de los servicios generales, así como, la gestión y control de los servicios portuarios y están reguladas por la Ley 27/1992, de 24 de noviembre, de Puertos del Estado y de la Marina Mercante.

Tienen una singularidad dado que el personal es laboral y no funcionario. Además, carece de armas de fuego es un colectivo bastante desregularizado que actualmente demanda mayor regulación y profesionalización.

3.3 Policías de las comunidades autónomas

Las Policías de las Comunidades Autónomas están reguladas en la Ley Orgánica 2/1986, de 13 marzo, de Fuerzas y Cuerpos de Seguridad.

Podemos decir que hay tres tipos de Comunidades Autónomas, a los efectos de las diferentes policías autónomas. A saber:

3.3.1 Con Cuerpo de Policía Propio:

Las consideradas como de carácter integral que son las de las comunidades denominadas "históricas": Euskadi, Catalunya y Navarra.

Un caso particular es la Comunidad Autónoma de Canarias que, aun no teniendo competencias plenas o integrales, si cuenta con un Cuerpo propio.

3.3.2 Unidades Adscritas del CNP

Se dan en aquellas comunidades Autónomas que tienen esta posibilidad en su Estatuto de Autonomía pero que por la razón que fuera carecen de Cuerpo de Policía propio.

Se da en las Comunidades de: Andalucía, Valencia, Galicia, Asturias, Aragón y Baleares.

3.3.3 Ertzaintza[46]:

Es la policía autónoma de la Comunidad Autónoma de Euskadi.

46 Fuente: Gobierno Vasco, Ertzaintza. Disponible en:

https://www.ertzaintza.net/wps/portal/ertzaintza/!ut/p/c4/04_SB8K8xLLM9MSSzPy8xBz9CP0os3gXDydTo2AzN0tLE9dAdxNzCz9zAwjQL8h2VAQAhK1F2g!!/

Los orígenes de la Ertzaintza como policía propia del País Vasco se sitúan en las antiguas milicias municipales. En el siglo XIX se instauran los primeros cuerpos policiales profesionales permanentes para frenar un bandolerismo favorecido por las convulsiones sociales y políticas. La primera guerra carlista ve el surgimiento de los Mikeletes vizcaínos y guipuzcoanos y de los Miñones en Araba.

Tras la guerra, la Administración central intentará recuperar las funciones de estos cuerpos para la Guardia Civil, sin conseguirlo.

El final de la segunda guerra carlista conlleva una importante reducción de competencias y efectivos de las policías forales que, pese a todo, continúan existiendo y desarrollando sus funciones.

Anagrama de la Ertzaintza

El 1 de octubre de 1.936 entra en vigor el Estatuto vasco de Autonomía, en base al cual se constituye, poco después, el Gobierno autonómico. La seguridad pública, condicionada por la recién iniciada guerra civil, se convierte en un objetivo prioritario para el nuevo Ejecutivo.

El Departamento de Gobernación vasco pone las bases de varias instituciones como la Policía Internacional, la Policía Marítima y el Cuerpo de Orden Público. Pero la principal medida en materia de seguridad pública será, sin duda, la creación de la Ertzaintza, con secciones de a pie y motorizada Igiletua, con unos efectivos conjuntos cercanos a los mil quinientos agentes.

Concluida la contienda, se disuelve la Ertzaintza, si bien tal medida no se refleja en ninguna norma legal pues el régimen franquista obra como si dicha institución no hubiera existido nunca.

Disueltas la Ertzaintza y los cuerpos forales vizcaíno y guipuzcoano, Araba y Nafarroa quedan como los únicos reductos de lo que fueron las policías forales vascas.

Restaurada la democracia, cuarenta años más tarde, el Departamento de Interior del Gobierno vasco retoma el espíritu de la Ertzaintza del treinta y seis para diseñar, en 1.980, la nueva policía autónoma del País Vasco, la Ertzaintza. Un Real Decreto restablece los Forales y los Mikeletes de Bizkaia y Gipuzkoa y dota de nueva configuración al cuerpo de Miñones de Araba. De la conjunción de estas instituciones se crea la Policía Vasca. Las policías forales constituyen, por tanto, el referente normativo de la actual Ertzaintza.

Esta nueva policía crece de manera organizada desde 1.982, desplegándose progresivamente por toda la geografía de la Comunidad Autónoma del País Vasco para llegar, en 1.995, a responsabilizarse de la totalidad del territorio, sustituyendo a los diferentes cuerpos de policía estatales. Hasta un total de veintiún promociones de agentes, preparados para desempeñar la totalidad de las funciones policiales, salen durante todos estos años de la Academia de Policía del País Vasco, en Arkaute. El despliegue se inicia con las competencias de custodia de instituciones y de regulación y gestión del tráfico, continúa asumiendo progresivamente en todo el territorio la responsabilidad de la seguridad ciudadana y culmina con la llegada a Vitoria-Gasteiz, en septiembre de 1.995.

La Ertzaintza dispone actualmente de una plantilla de 8.000 agentes, que se encuadran en dos divisiones, cada una de ellas especializada en cometidos policiales concretos. Un conjunto humano que tiene como misión proteger los derechos y las libertades de todos los ciudadanos y ciudadanas y garantizar su seguridad ante cualquier modalidad de delincuencia.

3.3.4 Mossos d'esquadra[47]

Es la policía autónoma de la Comunidad Autónoma de Catalunya.

La creación del cuerpo de Mossos se vincula a la "Guerra de Sucesión Española", si la de la Diada. Podríamos pensar que fue creado por los catalanes austriacistas en defensa de su libertad pues no, como siempre las apariencias engañan. Tras la caída de Barcelona el 11 de septiembre de 1714, el Decreto de Nueva Planta reforma las instituciones municipales que son controladas por el Capitán General. Entre los cambios destacan las relativas al mantenimiento del orden frente a los miqueletes, fieles al Archiduque Carlos, ya que el antiguo sistema de Somatén no resultaba eficaz.

La primera referencia a las Esquadres es del 21 de abril de 1719 donde destacan el nombre de Pere Antón Veciana. Un antiguo comerciante de ganado, y en especial de mulos para el ejército borbónico. Posteriormente fue elegido Alcalde de Valls en 1721.

Ese año, el día 24 de diciembre se formaron las "Escuadras de Paisanos Armados" basándose en las anteriores Esquadres. El cuerpo se estructuro en dos unidades, uno con sede en Cardona y la otra en Valls bajo sus órdenes. Su misión era acabar con las unidades de guerrilleros rebeldes que aún permanecían en territorio catalán ayudando a las fuerzas regulares del ejército en este cometido.

---

47 Fuente: Generalitat de Catalunya. Mossos d'esquadra. Disponible en: http://bellumartis.blogspot.com.es/2012/10/origen-de-los-mossos-desquadra.html

Cuando fallece Pere Antón en 1736, los Mossos tenían destacamentos en 11 municipios: Ruidoms, Valls, l´Alborç, Solsona, Amer, Sant Celoni, Santa Coloma de Farnes, Sant Celoni, Falset, Torres de Segre y Figueres.

Cada uno de estos puestos estaba formado por un corporal (teniente) y entre 5 y 9 mossos. Todos las esquadras estaban bajo las órdenes del cabeza del cuerpo, con rango de coronel. Hasta 1836 el mando recayó en un miembro de la familia Veciana.

El sostenimiento del cuerpo recaía en los ayuntamientos donde estaban destacados. Aparte de la lucha contra los miqueletes, transportaban a los detenidos, perseguían el juego ilegal y la prostitución.

Los Mossos fueron uno de los primeros cuerpos armados de Europa con características de cuerpo policial y en 1983 el Parlamento de Cataluña crea la policía de Cataluña, absorbe el histórico cuerpo de los Mossos y adopta el nombre. Se inicia así la construcción de un modelo propio de seguridad basado en el servicio a las personas.

Desde el 1 de noviembre de 2005, los Mozos de Escuadra tienen la plena competencia en la ciudad de Barcelona y el 1 de noviembre de 2008 se culminó su despliegue en las Tierras del Ebro y el Campo de Tarragona en materia de seguridad ciudadana, asumiendo así toda Cataluña, con más de 14 000 agentes distribuidos en nueve regiones policiales. Actualmente el cuerpo está a cargo del consejero de Interior de la Generalidad de Cataluña, Joaquim Forn.

3.3.5 La policía foral Navarra[48]

La policía de Navarra es de las más antiguas. El artículo 3 de la Ley Foral 8/2007, de 23 de marzo, de Policías de Navarra, establece la misión que realiza el Cuerpo de Policía Foral de Navarra.

- Proteger y velar por las libertades y derechos de las personas reconocidos por el ordenamiento jurídico.
- Garantizar el mantenimiento de la tranquilidad y seguridad pública, el respecto de la ley y del orden en la sociedad.
- Prevenir y combatir la delincuencia.
- Facilitar la asistencia y servicios a la población.

Funciones de la Policía Foral de Navarra:

- Garantizar la seguridad ciudadana y el pacífico ejercicio de los derechos y libertades públicas y la protección de personas y bienes.
- Velar por el cumplimiento de las leyes y demás disposiciones generales aplicables en las materias de la competencia de la Comunidad Foral, así como de los actos emanados de los órganos institucionales de la Comunidad Foral de Navarra, mediante las actividades de inspección, denuncia y ejecución forzosa.
- Velar por la protección y seguridad de las autoridades de la Comunidad Foral

48 Ver: http://www.navarra.es/home_es/Temas/Seguridad/Cuerpo+de+la+Policia+Foral+de+Navarra/

- Velar por la protección y seguridad de las personas, edificios e instalaciones dependientes de las instituciones de la Comunidad Foral de Navarra y sus entes instrumentales.
- Garantizar el normal funcionamiento de los servicios públicos esenciales cuya competencia corresponda a la Comunidad Foral de Navarra.
- La ordenación del tráfico dentro del territorio de la Comunidad Foral de Navarra, conforme a los convenios de delimitación de competencias en la materia concluidos con el Estado y vigentes en cada momento, salvo que correspondan legalmente a las Policías Locales.
- La actuación e inspección en materia de transportes, de conformidad con lo dispuesto en la legislación vigente.
- Mantener y, en su caso, restablecer el orden y la seguridad ciudadana mediante las intervenciones que sean precisas, y, en particular, vigilar los espacios públicos, proteger y ordenar las manifestaciones y mantener el orden en grandes concentraciones.
- La protección y el auxilio de personas y bines, especialmente en los casos de accidente y de emergencia, según las disposiciones y, en su caso, planes de protección civil.
- Instruir atestados por accidentes de circulación, en el ámbito funcional del número 6.
- La prevención de actos delictivos y la realización de las diligencias necesarias para evitar su comisión.
- Policía judicial, en los casos y formas que señalen las leyes.
- La cooperación y colaboración con otras Fuerzas y Cuerpos de Seguridad en los casos previstos en las leyes.

- Policía judicial, en los casos y en las formas que señales las leyes.
- La colaboración con todas las Fuerzas y Cuerpos de Seguridad en la recogida, tratamiento y suministro recíproco de información de interés policial.
- La inspección de las empresas de seguridad privada que actúen en el territorio de la Comunidad Foral de Navarra, así como el control de sus servicios y actuaciones de los medios y personal a su cargo, en los términos establecidos en la actual legislación vigente.
- La cooperación a la resolución amistosa de los conflictos privados cuando sean requeridos para ello.
- Cualesquiera otras que le atribuyan las leyes y, en concreto, las que éstas encomienden a los Cuerpos de Seguridad de las Comunidades Autónomas.

Es personal funcionario y porta armas.

3.3.6 El Cuerpo General de Policía de Canarias

El Cuerpo General de la Policía Canaria[49] tiene como misión principal proteger a las personas y bienes, garantizar el libre ejercicio de los derechos y libertades, velar por la seguridad ciudadana y contribuir a la consecución del bienestar social, colaborando a estos fines con las Fuerzas y Cuerpos de Seguridad del Estado de acuerdo con lo previsto en la legislación orgánica, y cooperando con otros servicios públicos y privados en los ámbitos de la prevención, el civismo, la cohesión social, la ayuda y asistencia al ciudadano y la rehabilitación y reinserción social.

---

[49] Ver: http://www.gobiernodecanarias.org/cgpoliciacanaria/

Está regulado por la Ley 2/2008, de 28 de mayo, del Cuerpo General de la Policía Canaria.

Es personal funcionario y porta armas.

3.3.7 Las Unidades Adscritas del Cuerpo Nacional de Policía

Está formada por un conjunto de personas, pertenecientes al Cuerpo Nacional de Policía que están adscritas y ejercen las funciones que una Comunidad Autónoma tenga en materia de policía.

Está regulada en el artículo 47, de la Ley Orgánica 2/1986, de 13 marzo, de Fuerzas y Cuerpos de Seguridad y las condiciones de dicha adscripción se determinarán en acuerdos administrativos de colaboración de carácter específico, que deberán respetar, en todo caso, los siguientes principios:

- La adscripción deberá afectar a Unidades operativas completas y no a miembros individuales del citado Cuerpo.

- Las Unidades adscritas dependerán, funcionalmente, de las Autoridades de la Comunidad Autónoma, y orgánicamente del Ministerio del Interior.

- Dichas Unidades actuarán siempre bajo el Mando de sus Jefes naturales.

- En cualquier momento podrán ser reemplazadas por otras, a iniciativa de las Autoridades estatales, oídas las Autoridades de la Comunidad Autónoma.

Actualmente existen este tipo de Unidades en las siguientes Comunidades Autónomas: Andalucía, Valencia, Galicia, Asturias, Aragón y Baleares.

3.4 La policía local

Son cuerpos de policía dependiente de los municipios, están reguladas en la Ley Orgánica 2/1986, de 13 marzo, de Fuerzas y Cuerpos de Seguridad y son Institutos armados de naturaleza civil, con estructura y organización jerarquizada.

Su denominación cambia de unos municipios a otros y suele conocerse también como: Guardia Urbana, Guardia Municipal o Policía Municipal.

Las Comunidades Autónomas tienen competencias en la coordinación de policías locales y así suelen regular y controlar los siguientes asuntos:

a) Acceso

b) Uniformidad

c) Registro de policías locales.

d) Memoria de actividad

3.4.1 Funciones

Son funciones de las policías locales:

a) "Proteger a las autoridades de las Corporaciones Locales, y vigilancia o custodia de sus edificios e instalaciones.

b) Ordenar, señalizar y dirigir el tráfico en el casco urbano, de acuerdo con lo establecido en las normas de circulación.

c) Instruir atestados por accidentes de circulación dentro del casco urbano.

d) Policía Administrativa, en lo relativo a las Ordenanzas, Bandos y demás disposiciones municipales dentro del ámbito de su competencia.

e) Participar en las funciones de Policía Judicial, en la forma establecida en el artículo 29.2 de esta Ley.

f) La prestación de auxilio, en los casos de accidente, catástrofe o calamidad pública, participando, en la forma prevista en las Leyes, en la ejecución de los planes de Protección Civil.

g) Efectuar diligencias de prevención y cuantas actuaciones tiendan a evitar la comisión de actos delictivos en el marco de colaboración establecido en las Juntas de Seguridad.

h) Vigilar los espacios públicos y colaborar con las Fuerzas y Cuerpos de Seguridad del Estado y con la Policía de las Comunidades Autónomas en la protección de las manifestaciones y el mantenimiento del orden en grandes concentraciones humanas, cuando sean requeridos para ello.

i) Cooperar en la resolución de los conflictos privados cuando sean requeridos para ello"[50]

3.4.2 Asociación de policías locales

Las policías locales pueden asociarse entre sí en los supuestos en los que dos o más municipios limítrofes, pertenecientes a una misma Comunidad Autónoma, no dispongan separadamente de recursos suficientes para la prestación de los servicios de policía local.

Colaboración para la prestación de servicios de policía local.

En los supuestos en los que dos o más municipios limítrofes, pertenecientes a una misma Comunidad Autónoma, no dispongan separadamente de recursos suficientes para la prestación de los servicios de policía local, podrán asociarse para la ejecución de las funciones asignadas a dichas policías en esta Ley.

En todo caso, el acuerdo de colaboración para la prestación de servicios por los Cuerpos de Policía Local dependientes de los respectivos municipios respetará las condiciones que se determinen por el Ministerio del Interior y contará con la autorización de éste o, en su caso, de la Comunidad Autónoma correspondiente con arreglo a lo que disponga su respectivo Estatuto de Autonomía[51].

3.4.3 Comunidad de Madrid

Un caso particular es la Comunidad Autónoma de Madrid, que creo en 2004, las Brigadas Especiales de Seguridad (BESCAM), de forma que la Comunidad financiaba parte del equipo humano y de nuevos recursos materiales a los municipios.

Fueron reguladas en 2007 con el fin de

[50] Artículo 53 de la Ley 2/1986

[51] Disposición adicional 5, de la Ley de Fuerzas y Cuerpos de Seguridad.

cumplir el objetivo del Programa de Seguridad de la Comunidad de Madrid, acordado voluntariamente por los ayuntamientos adheridos y cuyas funciones es,

> *(...) realizar exclusivamente las tareas propias del área de Seguridad Ciudadana, que son las relativas a las diligencias de prevención y cuantas actuaciones tiendan a evitar la comisión de actos delictivos, vigilancia de los espacios públicos y a la colaboración con las Fuerzas y Cuerpos de Seguridad del Estado, no pudiendo, por tanto, ser asignados a otros cometidos como son el cumplimiento de las ordenanzas municipales, así como la regulación, vigilancia y control del tráfico urbano*.[52]

[52] Resolución de 23 de abril de 2007, de la Dirección General de Seguridad, por la que se determinan las funciones que deben desarrollar los policías locales vinculados al Programa de Seguridad de la Comunidad de Madrid (BESCAM)

http://www.madrid.org/wleg_pub/secure/normativas/contenidoNormativa.jsf;jsessionid=F2F9AC6799EECC2A86C3B5E1D09F56CC.p0313335?opcion=VerHtml&idnorma=5593#no-back-button

4 EL SERVICIO DE SEGURIDAD PRIVADA

4.1 Concepto y funciones

Los servicios de seguridad privada en España se prestan por empresas y personal debidamente acreditados. Facturan 3.500 millones de euros, existen acreditadas unas 1500 empresas y vigilantes de seguridad en activo, unos 78.000[53].

Sus servicios están regulados en la Ley de Seguridad Privada[54] y desarrollada a través de su reglamento (pendiente de actualizar a la nueva Ley)[55].

Los profesionales de seguridad privada son:

a) los vigilantes de seguridad y su especialidad de vigilantes de explosivos

b) los escoltas privados

c) los guardas rurales y sus especialidades de guardas de caza y guardapescas marítimos

d) los jefes de seguridad

e) los directores de seguridad

f) los detectives privados.

Son funciones propias de los vigilantes de seguridad, entre otras, las de: "Ejercer la vigilancia y protección de bienes, establecimientos, lugares y eventos, tanto privados como públicos, así como la protección de las

[53] Datos del 2015. Fuente Asociaciacion profesional de empresas de seguridad. http://aproser.es/

[54] Ley 5/2014, de 4 de abril, de Seguridad Privada (LSP) Disponible en: https://www.boe.es/buscar/act.php?id=BOE-A-2014-3649

[55] Real Decreto 2364/1994, de 9 de diciembre, por el que se aprueba el Reglamento de Seguridad Privada. [http://noticias.juridicas.com/base_datos/Admin/rd2364-1994.html]

personas que puedan encontrarse en los mismos, llevando a cabo las comprobaciones, registros y prevenciones necesarias para el cumplimiento de su misión"[56].

En la actualidad, debe entenderse al personal de seguridad privada y en especial, a los vigilantes de seguridad, como **profesionales con visión integral** de la seguridad, de forma que entre sus funciones, deben incluirse, no solo aquellas relacionadas con la vigilancia de los espacios que protege, bajo una perspectiva única de intrusión, sino también de las anomalías que detecte en el ámbito de la gestión de los riesgos y protección de sus instalaciones. Así por ejemplo, si detectara una boca de incendio con baja presión, debe tomar las medidas al respecto, al menos para comunicar esta incidencia; también, si detectara la existencia de "cuñas" u otros objetos situados en las puertas cortafuego que impidan su operatividad, también debe tomar las medidas correspondientes o si detectara "cadenas o candados" en las barras antipánico de las salidas de emergencia. En definitiva, debe ser un verdadero actor de la seguridad y emergencias desde un punto de vista integral.

4.2 Departamento de seguridad

Un aspecto muy interesante de la nueva Ley es que uno de los tipos de medidas de seguridad que se puede adoptar es la creación de departamentos de seguridad[57].

4.2.1 Características:

Este departamento se concibe con las siguientes características[58]:

a) Sera único para cada entidad, empresa o grupo empresarial.

---

[56] Artículo 32.1.a) de la Ley 5/2014, de 4 de abril, de Seguridad Privada.

[57] Artículo 52.1.d), LSP

[58] Artículo 116 RSP

b) Su competencia es en todo el ámbito geográfico donde actúe la empresa u organización.

c) Comprenderá la administración y organización de los servicios de seguridad de la empresa o grupo, incluso, en su caso, del transporte y custodia de efectos y valores.

4.2.2 Funciones:

Tiene las siguientes funciones[59]:

a) Dirección de los vigilantes de seguridad o guardas particulares del campo

b) Control del funcionamiento de las instalaciones de sistemas físicos y electrónicos

c) Mantenimiento de éstos y la gestión de las informaciones que generen.

4.2.3 Dirección del departamento:

Al frente de la seguridad integral de la entidad, empresa o grupo empresarial a un director de seguridad en los siguientes casos[60]:

a) Se exija por normativa de desarrollo por la dimensión de su servicio de seguridad.

b) Se acuerde por decisión gubernativa, en atención a las medidas de seguridad y al grado de concentración de riesgo

c) Lo prevea una disposición especial.

---

[59] Artículo Art. 116 RSP

[60] Artículo 36.2., LSP

4.2.4 Obligación de existencia.

En este sentido, hay que tener en cuenta que esta posibilidad ya está recogida en el actual Reglamento de Seguridad todavía en vigor, como "Supuestos de existencia obligatoria"[61] para los siguientes casos:

a. En las empresas o entidades que constituyan, en virtud de disposición general o decisión gubernativa, departamento de seguridad.

b. En los centros, establecimientos o inmuebles que cuenten con un servicio de seguridad integrado por veinticuatro o más vigilantes de seguridad o guardas particulares del campo, y cuya duración prevista supere un año.

c. Cuando así lo disponga la Dirección General de la Policía y de la Guardia Civil para los supuestos supraprovinciales, o el Subdelegado del Gobierno de la provincia, atendiendo el volumen de medios personales y materiales, tanto físicos como electrónicos, el sistema de seguridad de la entidad o establecimiento, así como la complejidad de su funcionamiento y el grado de concentración de riesgo.

Por otra parte, es obligatorio disponer de un director de seguridad en los casos de contar con un "Departamento de seguridad facultativo"[62].

4.3 Dirección de la seguridad privada

En la dirección de servicios de seguridad privada existen dos figuras destacadas en el ámbito operativos. A saber:

Por una parte el Jefe de Seguridad, que es una persona contratada por una empresa privada de seguridad, que organiza y gestiona vigilantes de seguridad y diverso personal especializado en seguridad. Responde ante la

[61] Artículo Art. 96 RSP

[62] Artículo 115 del RSP

empresa de seguridad y su relación laboral es con esta.

Por otra, el Director de seguridad, que es una persona, contratada por la propiedad del establecimiento a proteger y que defiende los intereses de este. Responde ante el titular de la instalación, edificio o servicio y su relación laboral es con esta.

Como puede observarse claramente tanto las funciones, el enfoque como la dependencia orgánica y funcional es sensiblemente diferente, de forma que el director de seguridad garantiza y se responsabilizada de los servicios de seguridad del titular del bien a proteger. El Jefe de seguridad es de la empresa de vigilantes de seguridad por lo que puede variar con el tiempo al modificarse la contratación de una u otra.

4.3.1 El director de seguridad

Por ser más de carácter directivo y estratégico nos centraremos en el director de seguridad como profesional acreditado.

La figura del director de seguridad debe ser un referente en el ámbito de la seguridad de las personas, los bienes y el patrimonio común, es decir, ejercer un liderazgo tanto en materia técnica como en el estilo y dirección de personas, modo de hacer y relacionarse.

Al tratarse de un referente tiene que lograr que la seguridad se encuentre integrada en el tejido organizacional y ser capaz de que "cuenten con él" cada vez que se implanta un nuevo servicio, es decir, ser capaz de aportar valor en su actividad profesional.

El director de seguridad es un técnico encargado de la gestión de los riesgos a los que están sometidas las personas y la organización. Es una persona encargada del análisis de riesgos, elementos vulnerables, implantación de equipos técnicos, así como del diseño de protocolos y formas de actuación.

Nos encontramos ante una persona capaz de gestionar proyectos, capaz de visionar las necesidades, conocer el mercado e implantar y/o encomendar la implantación de elementos técnicos y procedimientos adecuados.

Para ejercer la profesión de director de seguridad, es preciso contar con el título universitario correspondiente (anexo 4, de la Orden del Ministerio del Interior de 7 de julio de 1995), así como una habilitación específica (Art. 63.2) del Ministerio del Interior.

Por lo tanto, nos encontramos ante un profesional por una parte titulado por una Universidad pero que no es suficiente para el ejercicio profesional ya que, en virtud de la legislación en materia de seguridad privada debe estar habilitado por el Ministerio del Interior.

4.3.2 Funciones del director de seguridad

Las funciones generales de los Directores de Seguridad son las siguientes[63]:

a) La organización, dirección, inspección y administración de los servicios y recursos de seguridad privada disponibles.

b) La identificación, análisis y evaluación de situaciones de riesgo que puedan afectar a la vida e integridad de las personas y al patrimonio.

c) La planificación, organización y control de las actuaciones precisas para la implantación de las medidas conducentes a prevenir, proteger y reducir la manifestación de riesgos de cualquier naturaleza con medios y medidas precisas, mediante la elaboración y desarrollo de los planes de seguridad aplicables.

d) El control del funcionamiento y mantenimiento de los sistemas de seguridad privada.

[63] Artículo 36, de la Ley 5/2014, de 4 de abril, de Seguridad Privada.

e) La validación provisional, hasta la comprobación, en su caso, por parte de la Administración, de las medidas de seguridad en lo referente a su adecuación a la normativa de seguridad privada.

f) La comprobación de que los sistemas de seguridad privada instalados y las empresas de seguridad privada contratadas, cumplen con las exigencias de homologación de los organismos competentes.

g) La comunicación a las Fuerzas y Cuerpos de Seguridad competentes de las circunstancias o informaciones relevantes para la seguridad ciudadana, así como de los hechos delictivos de los que tenga conocimiento en el ejercicio de sus funciones.

h) La interlocución y enlace con la Administración, especialmente con las Fuerzas y Cuerpos de Seguridad, respecto de la función de seguridad integral de la entidad, empresa o grupo empresarial que les tenga contratados, en relación con el cumplimiento normativo sobre gestión de todo tipo de riesgos.

i) Las comprobaciones de los aspectos necesarios sobre el personal que, por el ejercicio de las funciones encomendadas, precise acceder a áreas o informaciones, para garantizar la protección efectiva de su entidad, empresa o grupo empresarial.

Funciones asumidas de los Jefes de seguridad:

También, cuando una empresa de seguridad preste servicio a un usuario que cuente con su propio director de seguridad, aglutina determinadas funciones de los Jefes de Seguridad, concretamente las siguientes[64]:

> *El análisis de situaciones de riesgo y la planificación y programación de las actuaciones precisas para la implantación y realización de los servicios de seguridad privada.*

[64] Artículo 35.1 de la LSP

b) La organización, dirección e inspección del personal y servicios de seguridad privada.

c) La propuesta de los sistemas de seguridad que resulten pertinentes, y el control de su funcionamiento y mantenimiento, pudiendo validarlos provisionalmente hasta tanto se produzca la inspección y autorización, en su caso, por parte de la Administración.

d) El control de la formación permanente del personal de seguridad que de ellos dependa, y la propuesta de la adopción de las medidas o iniciativas adecuadas para el cumplimiento de dicha finalidad.

e) La coordinación de los distintos servicios de seguridad que de ellos dependan, con actuaciones propias de protección civil en situaciones de emergencia, catástrofe o calamidad pública.

f) La garantía de la colaboración de los servicios de seguridad con los de las correspondientes dependencias de las Fuerzas y Cuerpos de Seguridad.

g) La supervisión de la observancia de la normativa de seguridad privada aplicable.

h) La responsabilidad sobre la custodia y el traslado de armas de titularidad de la empresa a la que pertenezca, de acuerdo con la normativa de armas y con lo que reglamentariamente se determine.

Funciones en el ámbito de infraestructuras críticas:

Además, también le corresponde la función de "Ejercer de Responsable de Seguridad y Enlace del Operador Critico"[65].

Delegación de funciones:

Estas funciones, además podrás delegarse[66], de acuerdo con lo que se establezca reglamentariamente, lo que supone un importante reconocimiento sobre la capacidad del director de seguridad e incluso considerar una "mayoría de edad de esta figura.

4.4 **De los servicios de seguridad privada en funciones de atención de emergencias.**

Si bien, las funciones de intervención en situaciones de emergencia no le son asignadas de manera específica, sí que esta es una función que como

---

[65] Articulo16.2 de la Ley 8/2011, de 28 de abril, por la que se establecen medidas para la protección de las infraestructuras criticas (LIC).

[66] Artículo 36.5 LSP

cualquier ciudadano, tienen la obligación de actuar en auxilio de cualquier persona.

Cabe citar de manera singular que los jefes de seguridad tienen entre sus funciones, "La coordinación de los distintos servicios de seguridad que de ellos dependan, con actuaciones propias de protección civil en situaciones de emergencia, catástrofe o calamidad pública[67].

En el futuro próximo cabe pensar que las funciones de este personal acreditado como de Seguridad Privada, asuman más funciones en el ámbito de la Atención de Emergencias, al ser un personal que atiende instalaciones y servicios durante las veinticuatro horas del día y con capacitación para ello.

Es preciso tener en cuenta la aplicación de la Ley de protección de infraestructuras críticas[68] , así como, su reglamento[69], que asigna funciones de protección de este tipo de infraestructuras, también al personal de Seguridad Privada.

[67] Artículo 35.1.e) de la Ley 5/2014, de 4 de abril, de Seguridad Privada.

[68] Ley 8/2011, de 28 de abril, por la que se establecen medidas para la protección de las infraestructuras críticas. [http://www.boe.es/buscar/doc.php?id=BOE-A-2011-7630]

[69] Real Decreto 704/2011, de 20 de mayo, por el que se aprueba el Reglamento de protección de infraestructuras críticas. [http://www.boe.es/boe/dias/2011/05/21/pdfs/BOE-A-2011-8849.pdf]

5 EL SERVICIO DE BOMBEROS

5.1 Concepción inicial

Se conocen como "bomberos" a los servicios de prevencion, extinción de incendios y salvamentos (SEPIS).

5.2 Marco histórico.

Parece ser que las primeras evidencias de personas agrupadas para defenderse frente a los incendios datan de la época de los romanos. En este sentido:

> *"Hay muchas evidencias históricas de acciones de grupos de personas organizados contra incendios, pero las pruebas más antiguas de lo que podemos comparar con un cuerpo de Bomberos actual, surge de los romanos. Con una antigüedad de 1.650 años, arqueólogos alemanes, bajo la dirección de Bernd Paeffgen, descubrieron en 2004, en el Valle del Rin, lo que fue descrito como una bomba de agua. El equipo contaba además con un tubo delgado de 1,10 metros que iba unido a la bomba. Inicialmente confundida con una lanza, las posteriores pruebas revelaron que se trataba de un conducto o manguera.*
>
> *En la antigua Roma, de Julio César, Marco Licinio Craso era una de las personas más ricas de la ciudad, su riqueza provenía de los bienes raíces y el "alquiler inmobiliario", pero la curiosa historia le atribuye aún más mérito al haber sido el organizador del primer servicio contra incendios de Roma, para asegurar que sus Bomberos tuvieran siempre trabajo, también organizó las primeras brigadas de "incendiarios" de las que se tienen referencias en la Historia. Pero estos curiosos Bomberos eran controlados por Craso, que ambicioso y cruel, no daba orden de apagar el incendio si el dueño del territorio o construcción no lo vendiera a precio de renta en ese instante. Así, la gente prefería ganar el dinero de la venta injustamente, que obtener una casa o parcela destrozados"*[70].

Para OTALORA, la regulación de los servicios de Bomberos fue muy posterior y data de comienzos de 1800:

> *"Hay constancia de alguna regulación en la prevención de incendios en 1884, cuando se crea el primer servicio público contra incendios, concretamente la Brigada contra incendios de Edimburgo, si bien es en 1830 cuando James Braidworrd, Jefe de la Brigada de Edimburgo, escribe el primer manual*

[70] Fuente: Protección contra incendios, PCIpedia. http://www.pcipedia.es/index.php/Bomberos

integral para actuaciones de la Brigada. En Europa comienza hacia la mitad del siglo XVII y los primeros "Zapadores Bomberos" aparecen organizados en Europa en 1830 siendo organizaciones a cargo de compañías de seguros"[71].

En España, para la Asociación Española de lucha contra el fuego, los primeros esbozos son de 1577 en la Villa de Madrid[72], si bien los primeros servicios constatados fueron la "Compañías de Zapadores Bomberos de la Milicia Nacional en 1823"[73].

Pero son las sociedades de seguros las que van impulsando la creación de servicios de Bomberos, y así destaca:

"La llegada de la gran industria y de los productos derivados de petróleo da lugar al nacimiento de unos nuevos servicios de incendios en las empresas de gran entidad. (...) A partir de la década de los sesenta se van a alumbrar los Servicios Provinciales (diputación de Barcelona en 1963, Diputación de Madrid en 1967, Diputación de Zaragoza en 1975) que en algunos casos desembocarían en los Servicios de las Comunidades Autónomas"[74].

De esta forma, en los años 50 ya existían varios Cuerpos de Bomberos, pero el que tenía más influencia a nivel nacional era el del Ayuntamiento de Barcelona, con una cierta proyección e influencia internacional.

Los primeros movimientos asociativos surgen a partir de 1949, con la revista *Alarma* que sirvió de instrumento de comunicación de artículos profesionales y fue implantándose en todo el Estado.

---

[71] OTALORA, J. *Método para el diseño de un servicio de Bomberos público y rentable*, Consorcio de Bomberos de Cádiz, Cádiz, 2007, pág. 27 y ss.

El Dr. Javier Otálora San Agustín, es Gerente del Consorcio de Bomberos de Cádiz y esta obra está basada en su tesis doctoral del mismo título.

[72] GRACIA, L., "Breve noticia histórica de la lucha contra el fuego en España", en: *Historia de la Asociación Española de lucha contra el fuego*, Asociación Española de lucha contra el fuego, Zaragoza, 1993. pág. 14.

La Asociación Española de Lucha Contra el Fuego (ASELF), es la organización decana en su ámbito de actuación, fundada hace más de 50 años gracias al impulso dado por un amplio grupo de profesionales de distintos colectivos afines y cuyo resultado directo fue la celebración del "I Congreso Nacional de Bomberos" acaecido en Madrid en noviembre de 1.959. Fuente: www.aself.com

[73] GRACIA, L., "Breve noticia histórica de la lucha contra...", obra citada, pág. 29.

[74] GRACIA, L., "Breve noticia histórica de la lucha contra...", obra citada, pág. 35.

La primera agrupación de bomberos surge como "Federación Nacional de Bomberos de España", de la mano de la propia revista, hasta el punto de afirmar:

> *"¡Organicémonos¡ En este número Alarma inicia la campaña para la constitución de la Federación Nacional de Bomberos de España"*[75].

Ya en esas fecha, la propia revista hablaba de que: "lo primero, crear en España mentalidad de seguridad y prevención"[76].

Pero, el punto de inflexión se produce en julio de 1959 cuando se reúnen en Madrid varios Jefes de Bomberos de España y deciden celebrar el "I Congreso nacional de Bomberos" en noviembre de ese mismo año[77]. Dos años más tarde, se constituiría el II Congreso en Barcelona.

5.3 Regulación en el ámbito de los servicios de Bomberos

A nivel Estatal, la norma en reguladora es muy escasa, limitándose la Ley de Bases de Régimen Local (LBRL)[78], a establecer la obligatoriedad de disponer de este servicio a los municipios de más de 20.000 habitantes. Concretamente:

En cuanto a sus competencias establece que:

---

[75] FERRE, J.," La lucha y la prevención contra el fuego en España", en: GRACIA, J. A., *Historia de la Asociación Española de lucha contra el fuego*, Asociación Española de lucha contra el fuego, Madrid, 1993, pág. 38.

Julio Farre Vel era Jefe Auxiliar de Zona de Bomberos de Barcelona y Presidente de la Agrupación Cultural y Deportiva del Cuerpo.

[76] DEL VALLE, F., *Alarma*, en: GRACIA, J. A., *Historia de la Asociación Española de lucha contra el fuego*, Asociación Española de lucha contra el fuego, Madrid, 1993, pág.39.

Fabian V del Valle, era Teniente Coronel de Aviación del Servicio de Defensa Química y Contra Incendios del Ministerio del Aire.

[77] *Ver:* GRACIA, J. A., *Historia de la Asociación Española de lucha contra el fuego*, Asociación Española de lucha contra el fuego, Madrid, 1993, pág. 46.

[78] Ley 7/1985, de 2 de abril, reguladora de las Bases del Régimen Local. Disponible en: **http://noticias.juridicas.com/base_datos/Admin/l7-1985.t2.html**

"El Municipio ejercerá en todo caso como competencias propias, en los términos de la legislación del Estado y de las Comunidades Autónomas, en las siguientes materias:

(...) Policía local, protección civil, prevención y extinción de incendios."[79]

Y establece una obligatoriedad en función del número de habitantes.

Los Municipios deberán prestar, en todo caso, los servicios siguientes:

(...)En los Municipios con población superior a 20.000 habitantes, además: protección civil, (...), prevención y extinción de incendios (...)"[80].

Además, establece que debería existir un Estatuto[81] específico para los Cuerpos de Bomberos, el cual treinta años después no se ha promulgado. Mientras, le es de aplicación la Disposición transitoria quinta, del Real Decreto Legislativo 781/1986, de 18 de abril, por el que se aprueba el Texto Refundido de las disposiciones legales vigentes en materia de Régimen Local, que establece:

"En tanto se aprueba el Estatuto específico de los Cuerpos de Bomberos[82] *a que se refiere la Disposición final tercera de la Ley 7/1985, de 2 de abril, el régimen del personal de los servicios de Extinción de Incendios establecidos por las Corporaciones locales se acomodará a las siguientes reglas:*

a) Cuando los puestos de trabajo correspondientes a dicho servicio hayan de ser desempeñados por funcionarios a los que se exija estar en posesión de título superior universitario o de enseñanza media, podrán integrarse en la Subescala de Técnicos de Administración Especial.

b) Dentro del personal del Servicio de Extinción de Incendios existirán las siguientes categorías: Oficiales, Suboficiales, Sargentos, Cabos y Bomberos".

Vemos que incluso todavía se siguen manteniendo denominaciones de carácter militar para las categorías de los servicios de Bomberos.

Todo ello nos da una idea de la poca y anticuada, normativa "marco" en esta materia.

---

[79] Artículo 25.2.f) de la Ley 7/1985

[80] Artículo 26.1.c) de la Ley 7/1985

[81] Disposición final tercera, de la Ley 7/1985, de 2 de abril, Reguladora de las Bases de Régimen Local. Disponible en: http://noticias.juridicas.com/base_datos/Admin/l7-1985.t11.html

[82] Curiosamente la LBRL al referirse a estos servicios los denomina de prevención y extinción de incendios no "Bomberos", por lo que entendemos se refiere al mismo concepto.

Por otra parte, existe una falta de concreción ya que bajo la denominación de "Protección Civil, prevención y extinción de incendios", no queda claro, por ejemplo, si se incluyen también los "salvamentos y rescates", ya que la Ley, únicamente contempla; por un lado, la Protección Civil, lo que parece estar refiriéndose a los casos de "grave riesgo, catástrofe y calamidad pública", de Protección Civil; por otro, "prevención y extinción de incendios", lo que parece limitarse únicamente a los casos en los que interviene el fuego.

De esta manera, parece haber quedado fuera de esta regulación todos los demás casos de emergencias, como por ejemplo, rescates en montaña, accidentes de tráfico, salvamentos de personas y similares.

No obstante, con carácter general se ha interpretado que el legislador, en su momento (1985) quería también incluir los salvamentos. De hecho, la mayoría de los servicios de este tipo se denominan *SEIS: servicios de extinción de incendios y salvamentos, comúnmente conocidos como "Bomberos"* y la legislación autonómica así lo ha venido recogiendo, como por ejemplo, la norma de Aragón: *Ley 1/2013, de 7 de marzo, de Regulación y Coordinación de los Servicios de Prevención, Extinción de Incendios y Salvamento de Aragón*.

Ante este vacío e indefinición legal, varias comunidades Autónomas han establecido Leyes Autonómicas que regulan este servicio, bien de manera singular o en el marco de normas más amplias, denominadas genéricamente como Ley del Sistema de Seguridad, en las que han incluido a los Bomberos.

En el ámbito de las Comunidades Autónomas, no en todas existen Leyes que regulen el ámbito de Bomberos.

5.4 **Funciones:**

Aunque desde un punto de vista jurídico, se analizará con más profundidad en el apartado 2.3.1.a) de este texto, la regulación actual de los servicios de bomberos data del año 1985 y utilizó como instrumento la Ley de Bases de Régimen Local[83], en su artículos 25 y ss.

Conocidos habitualmente como "Bomberos", actualmente, los Servicios de Prevención, Extinción de Incendios y Salvamentos, están muy implantados en nuestro entorno, aunque sus funciones no son exactamente iguales en todos los ámbitos[84].

Con carácter general realizan funciones de "extinción de incendios", la cual es común a todos y probablemente, la más conocida por la población al encargarse de actuar en los incendios, principalmente urbanos. Los incendios forestales, normalmente son competencia de los servicios de medio ambiente, aunque los bomberos "urbanos" suelen efectuar labores de apoyo.

Las actividades encaminadas a la "prevención de incendios" está implantada en las organizaciones medias y grandes, tales como Ayuntamientos de gran población, Diputaciones y algunos Cabildos Insulares, pero son prácticamente inexistentes en las pequeñas. Esta función está poco desarrollada y además, compite con otros servicios de ámbito municipal, especialmente con los de urbanismo. De hecho, son muy pocos los servicios de Bomberos que efectúan "investigación de incendios", muy ligada a la prevención.

83 Ley 7/1985, de 2 de abril, reguladora de las Bases del Régimen Local. Disponible en: http://noticias.juridicas.com/base_datos/Admin/l7-1985.t2.html

84 Ver GARMENDIA, J., "Hacia dónde van los servicios de bomberos", en: Revista ASELF, , Asociación Española de Lucha Contra el Fuego, Madrid, 2000, pág. 24.

La de "salvamentos", encierra en sí misma una incertidumbre en su denominación, ya que es entendida de manera diferente según distintos lugares. En la inmensa mayoría, se efectúan rescates en accidentes de tráfico, pero es muy variada la atención ante rescates en montaña. En el caso de accidentes que tengan que ver con el mar o aguas interiores la respuesta es muy variada, según sea un Servicio u otro, ya que no todos los servicios de Bomberos cuentan con recursos para actuar en estos tipos de incidentes.

Las funciones relativas a la "Protección Civil", en algunos Servicios también son asumidas por ellos mismos. No obstante, esta postura no puede decirse que esté generalizada, ni que entre sus funciones se encuentre regulada directamente, aunque por similitud, en muchos casos, se asemeja e incluso se confunde.

En cualquier caso, existe una importantísima asimetría en el tipo de respuesta que estos servicios dan al ciudadano. Coincidimos con SAEZ MURCIA en:

> *"Todo esto provoca una situación multiforme todos y cada uno de los Cuerpos de Bomberos existentes en el territorio español, bien sean locales, autonómicos, consorciados, de Diputaciones, privados, de Aeropuertos Españoles y Navegación Aérea, de tiempo parcial, voluntarios,... situación que deforma una visión clara y nítida de la profesión de bombero que hace prácticamente inasumible cualquier proyecto a nivel estatal que se pretenda acometer"*[85].

5.5 Naturaleza y competencias.

Actualmente en España, los servicios de Bomberos son principalmente de naturaleza pública. No obstante, existe algún servicio prestado por

[85] SAEZ MURCIA, J., "Cuerpo de Bomberos único", en: Emergencias 112, nº 93, Asociación Profesional de Técnicos de Bomberos, Leioa (Bizkaia), 2012. Disponible en:

http://www.aptb.org/articuloEmergencia112/53/844#.Uj0lb4bgTB1

Joaquín Sáez Murcia, es Subinspector de Bomberos en el Ayuntamiento de Madrid, Jefe de la unidad de Inspecciones del Departamento de Prevención de Incendios y Responsable Federal del Sindicato Profesional de Bomberos en la Federación de Servicios Públicos de la Unión General de Trabajadores.

empresas privadas, como es en Galicia o en el Ayuntamiento de Pájara[86], en la isla de Fuerteventura, así como, varios de servicios de bomberos de empresa.

La competencia en materia de Bomberos es muy variada. Desde la Comunidad Autónoma de Catalunya, en la que hay un liderazgo muy significativo de la Generalitat de Catalunya (excepto el Ayuntamiento de Barcelona que es municipal), hasta la Comunidad Autónoma de Euskadi, donde la mayoría de Cuerpos son competencia de las Diputaciones (excepto los Ayuntamientos de Donosita-San Sebastián y Bilbo, que son municipales), a varios Consorcio provinciales o insulares, hasta los Ayuntamientos.

A comienzos de la década de 2000, en España parecía que la figura de los Consorcios se estaba extendiendo, de ahí la creación de varias organizaciones de este tipo, como por ejemplo en Canarias con la creación de tres organizaciones insulares. No obstante, esta tendencia se ha parado en seco, de forma que en los últimos años no se han creado nuevas organizaciones de carácter público y parece existir una ligera tendencia a una posible externalización de este tipo de servicios.

Desde un punto de defensa de interés corporativo a modo de "patronal", la única existente es la "Asociación de Consorcios y servicios de Bomberos de España[87]", que incluye a 19 organizaciones públicas que gestionan servicios de Bomberos.

---

86 Este servicio ha sido recientemente "rescatado" por el Ayuntamiento, pendiente de una nueva licitación pública. Fuente: http://www.laprovincia.es/fuerteventura/2013/04/10/juicio-Bomberos-despedidos-pajara-queda-visto-sentencia/524791.html

87 La Asociación de Consorcios y Servicios de Bomberos de España (CONBE) se constituye en Valencia el 12 de mayo de 2006 con el objetivo de defender los intereses comunes de las entidades que gestionan servicios de extinción de carácter supramunicipal. Integrada inicialmente por 12 servicios miembros, está abierta a la incorporación de cualquier administración interesada que cumpla con los requisitos estatutarios. CONBE nace con la

5.6 Actividad.

La actividad de los Servicios de Bomberos tiene dos componentes: por un lado la prestación directa o efectiva, y por otro, la disponibilidad para el mismo, es decir, nos encontramos ante un servicio que en la mayor parte de su tiempo "está disponible" para actuar, pero no actúa, lo que le da unas características singulares. Coincidimos con CUENCA en que este tipo de servicios,

> *"(...) atiende una demanda latente o potencial y una demanda realizada o efectiva. La primera requiere una disponibilidad permanente de unos recursos susceptibles de ser movilizados. Por su parte, la demanda efectiva es la realización de una demanda latente, esto es, en el momento en que ocurre un incidente, el servicio debe intervenir88".*

Desde un punto de vista de actividad asistencial, la realidad actual es que se carece de información oficial sobre la actividad que realizan, si bien existe una norma[89] que establece las estadísticas y parte normalizado[90] de este tipo de servicios, en la práctica, la AGE a través de su Dirección General de Protección Civil y Emergencias, hace años que no las edita.

---

vocación última de convertirse en la patronal de este sector, así como de servir como interlocutor con la Administración del Estado. Fuente: http://www.conbe.org/

[88] CUENCA, A., "Eficiencia productiva en los servicios públicos locales: el Cuerpo de Bomberos", en: *V Congreso Nacional de Economía, Economía de los servicios*, tomo 7. Economía y gestión de las administraciones públicas. Las Palmas de Gran Canaria, pág. 282.

El Dr. Alain Cuenca, es Profesor titular de economía aplicada en la Universidad de Zaragoza.

[89] Real Decreto 1053/1985, de 25 de Mayo, sobre Ordenación de la Estadística de las actuaciones de los Servicios contra incendios y de Salvamento.

[https://www.boe.es/buscar/doc.php?id=BOE-A-1985-12771]

[90] Orden de 31 de octubre de 1985 por la que se establece el parte unificado de actuación de los Servicios contra Incendios y de Salvamento. [https://www.boe.es/diario_boe/txt.php?id=BOE-A-1985-25820]

No obstante, en febrero de 2013, la Asociación Profesional de Técnicos de Bomberos edita la "Estadística Nacional de los Servicios de Bomberos[91]" con datos de 2010, en la que destaca lo siguiente:

a) "En España, hay 148 servicios de Bomberos públicos y voluntarios.
b) Hay 692 parques de Bomberos.
c) Hay 27.844 Bomberos, de los cuales 5.003 son voluntarios.
d) El 75% de los servicios son profesionales remunerados, el 20% mixto y el 5% voluntarios.
e) El 61% de los servicios de Bomberos tienen menos de 100 miembros.
f) Hay 5216 vehículos de Bomberos, de los cuales el 42% son autobombas.
g) España tiene pocos parques de Bomberos en relación a la población.
h) En España hay un bombero profesional por cada 2000 habitantes, muy cerca de la media europea[92]".

5.7 <u>Gestión económica.</u>

En materia de gestión económica, el cálculo de costes de los Servicios de Bomberos es una técnica muy incipiente en España. Coincidimos con CARRASCO, en el trabajo que han realizado varios profesores Universitarios para la Federación Española de Municipios y Provincias, sobre cálculo de costes en los Bomberos y concretamente en su afirmación:

> *"Creemos firmemente que este es el camino a seguir para que los Ayuntamientos [habría que referirse a todas las administraciones públicas, no solo a los Ayuntamientos] tengan una fuente de información relevante sobre las*

---

[91] LARREA, J., *Estadística nacional de los servicios de Bomberos*, Asociación Profesional de Técnicos de Bomberos, Madrid, 2013.

[92] LARREA, J., Estadística nacional de los servicios de Bomberos, obra citada, pág.31-78

> *distintas actividades que realizan a fin de tomar decisiones, amén de cuestiones políticas y sociales, que les permitan racionalizar los recursos que los distintos ciudadanos, de una forma u otra, ponemos a su disposición" 93.*

No obstante, el cálculo de costes para este tipo de servicios y su imputación por actividad es muy complejo, entre otros motivos porque existe una demanda latente de disponibilidad permanente[94].

Para la medición de la eficacia técnica, desde un punto de vista económico, destaca el trabajo de CUENCA en 1994, mediante el cual clasifica los servicios de Bomberos en base a una serie de indicadores. Este trabajo concluye:

> *"En síntesis, a pesar de que el grado de ineficiencia media no ha podido determinarse con certeza, debido a la discrepancia de las distintas técnicas aplicadas, se ha obtenido una información valiosa sobre el desempeño relativo de los cuerpos de bomberos municipales en España, mediante su ordenación por grado de eficiencia individual, que coincide de forma aproximada en los tres métodos. Ello ha permitido detectar, como pretendíamos los servicios que actúan con eficiencia técnica y los que no lo hacen[95].*

Como puede observarse existe una importantísima dificultad a la hora de evaluar y comparar cuantitativamente este tipo de servicios.

---

[93] CARRASCO, y colaboradores., "El cálculo de costes del Servicio de Extinción de Incendios y Salvamento: una aplicación práctica", en: *X Congreso del Instituto Internacional de Costos "Gestión de Costos, Control de Gestión y Mundialización*, Lyon (Francia), 2007. Disponible en: http://www.costes-indicadores.com/Lyon.pdf

El Prof. Daniel Carrasco Díaz es profesor de contabilidad y gestión en la Universidad de Málaga.

[94] *Ver* BUENDIA, D. "Costes en los Servicios de Prevención Extinción de Incendios y Salvamentos", en: Tesis doctoral. *Un modelo de costes para los servicios públicos de gestión directa* Universidad de Granada, 1996, pág. 144. Disponible en:

http://digibug.ugr.es/bitstream/10481/7081/1/Texto???????%20D.B.C..pdf

[95] CUENCA, A., "Eficiencia técnica en los servicios de protección contra incendios en: *Revista de Economía Aplicada*, nº 5, vol. II, págs. 87 a 109. Disponible en:

ftp://195.55.205.226/revecap/revista/numeros/05/pdf/cuenca.pdf

5.8 Características organizacionales de los Servicio de Bomberos actuales.

Desde un punto de vista organizacional, los Servicios de Bomberos, se caracterizan por lo siguiente[96]:

a) La calidad percibida por parte del usuario sobre el servicio es muy alta.

b) Gran implantación geográfica: cobertura en todo el Estado.

c) Cartera de servicios asimétrica, ya que se han desarrollado mucho los servicios relacionados con los incendios, así como, los rescates, pero por el contrario, muy poco la prevención, la formación, la investigación de incendios, la normativa y el desarrollo profesional.

d) "Heterogeneidad y dispersión en las formas, a pesar de su homogeneidad en el fondo" (...) "Es también disperso y heterogéneo, que genera unos costes excesivos..."[97]

e) Formación heterogénea, a iniciativa y adaptada por cada Servicio, sin una base común estandarizada en base a protocolos de actuación.

f) La selección de mandos es muy anticuada ya que se continúa con sistema basados más en pruebas físicas que en habilidades directivas y liderazgo.

g) Falta de normativa marco de ámbito Estatal y de protocolos estandarizados.

En términos de gestión, este tipo de organizaciones públicas tienen un sistema muy conservador, en la gran mayoría ligado a modelos de funcionarización y lejos de formas de gestión modernas. Es cierto que

[96] *Ver* SAEZ MURCIA, J., *Cuerpo de Bomberos único,* obra citada

[97] SAEZ MURCIA, J., *Cuerpo de Bomberos único,* obra citada, pág. 2 y 4.

existe alguna externalización de servicios de Bomberos pero más ligados a la prestación de servicios en entornos privados que la atención del servicio público como tal. Por ello, las nuevas técnicas de gestión ya aplicadas en otro tipo de servicios, como los de emergencia sanitaria, son muy vagas en los servicios de Bomberos, de forma que son organizaciones muy endogámicas y sobreespecializadas.

Estamos por tanto, ante un tipo de organización que necesita un cambio en su gestión, buscando la convergencia, liderazgos resonantes, adaptación a los nuevos tiempos tecnológicos, utilizar técnicas modernas de gestión para el control de la actividad y costes y así, poder afrontar como "reto, un nuevo discurso"[98], con escenarios de integración, coordinación y mejora de la eficiencia.

5.9 Prestación actual

Actualmente la mayoría de los servicios de bomberos tienen carácter local, es decir, están bajo la dependencia de los Ayuntamientos, Diputaciones o Consorcios.

5.9.1.1 Administración General del Estado:

No presta este servicio, a excepción de las situaciones especiales que lo realiza a través de la Unidad Militar de Emergencias (UME) especialmente en caso de incendios forestales.

5.9.1.2 Gobierno de la Comunidad Autónoma

Un caso particular son los Bomberos de la Generalitat de Catalunya[99] que dependen de la Comunidad Autónoma.

[98] SAEZ MURCIA, J., *Cuerpo de Bomberos único,* obra citada, pág. 7.

[99] Ver: http://interior.gencat.cat/ca/arees_dactuacio/bombers/

5.9.1.3 Diputaciones, Cabildos y Consejos Insulares

Al ser organizaciones supramunicipales suelen prestar este servicio para toda la provincia. En algunas de ellas, los bomberos de la capital son de ámbito municipal.

5.9.1.4 Ayuntamientos

En virtud de lo establecido en la Ley de Bases de régimen local, existe obligación de prestar el servicio de bomberos en todos los municipios de más de 20.000 habitantes de derecho, es decir, censados. Esta prestación puede ser efectuada *per se* o a través de otra organización convenida, como por ejemplo una mancomunidad o un consorcio.

5.9.1.5 Consorcios

Como se ha indicado, en España existen varios Consorcios de Bomberos, que son organizaciones públicas formadas por un conjunto de administraciones públicas para la prestación de este tipo de servicios. Port ejemplo, el Consorcio de Emergencias de Gran Canaria[100], formado por los Ayuntamientos, el Cabildo (gobierno insular) y el Gobierno de canarias.

[100] Ver: http://emergenciasgc.org/

6 EMERGENCIAS SANITARIAS.

6.1 Concepción inicial:

Son los servicios encargados de la prestación de la atención sanitaria urgente prehospitalaria como parte del derecho a la salud de las personas.

Dependen de las Comunidades Autónomas ya que la materia de sanidad fue trasferida a todas las Comunidades Autónomas.

Nos referiremos a la situación en los últimos años y en la actualidad, de la prestación del servicio de Emergencias Sanitarias, también denominado Emergencia Médicas o en algunos casos, Atención Médica Urgente, pre o extrahospitalaria. Como vemos, todavía no hay un total consenso en como denominar a este tipo de atención por lo que en este texto, utilizaremos indistintamente estos términos, aunque normalmente nos referimos a Emergencias Sanitarias o médicas.

6.2 Marco histórico

En el ámbito de la atención a la emergencia sanitaria, los primeros indicios parecen estar de la mano de HENRI DUNANT[101],

> *"(...) al anochecer, sobre el escenario de la Batalla de Solferino, el 24 de junio de 1859, yacían 40.000 hombres prácticamente abandonados a su suerte. Dunant vio cómo morían los heridos sin asistencia y ayudado por gente de los pueblos cercanos, se dedicó a socorrerlos, naciendo así la Cruz Roja en 1863. En España nace un año después, en 1864"*[102].

---

[101] Henri Dunant. Ginebra, Suiza, (1828-1909), dedicado a los negocios en Argelia le hizo viajar al norte de Italia, muy cerca de Solferino (Italia), el mismo día en que allí se enfrentaban los ejércitos austriaco, francés y piamontés.

[http://www.biografiasyvidas.com/biografia/d/dunant.htm]

[102] Fuente: Cruz Roja Española.

[http://www.cruzroja.es/portal/page?_pageid=638,12290186&_dad=portal30&_schema=PORTAL30]

Para FERRANDIZ:

> *"La historia del transporte sanitario se remonta a la Francia de Napoleón (con las premonitoriamente denominadas ambulancias volantes, que eran carretas de tracción animal. El primer servicio organizado de asistencia a las emergencias no aparece hasta del siglo XX. Es en 1915 cuando el London County Council crea l'Ambulance Service Unit, que quince años más tarde pasa a denominarse London Ambulance Service y se convierte en el servicio de ambulancias más grande del mundo.*
>
> *Durante la década de los 50 se hace el primer transporte interhospitalario y el primer transporte primario [el que se efectúa desde el lugar del incidente hasta el centro sanitario] efectuados en Francia. (...) Le siguieron Irlanda del Norte, Alemania y los Estados Unidos".*[103]

En 1971, se organizó el *Primer congreso nacional sobre transporte sanitario*[104], que fue denominado como el "primer congreso sobre el transporte sanitario que se celebra en el mundo"[105]. El contenido de este Congreso nos permite conocer el estado de la situación en esas fechas y entender su evolución posterior. En este evento se afirma, entre otros aspectos, los siguientes:

> *"El transporte sanitario tiene muchas e importantes facetas, pero quizá la más importante, por ser más conocida, es la relacionada con el transporte de enfermos o accidentados, ya que del transporte adecuado depende muchas veces la agravación de sus estado, la prolongación de su proceso de curación o, quizás, esté en juego la vida misma.*
>
> *(...) es obvio el insistir sobre la necesidad de tener planificadas todas las contingencias posible y, como es natural, dominar una técnicas de transporte*

---

[103] FERRANDIZ, S., "Inicio", en: *25 años de historia de la emergencia extrahospitalaria en Catalunya*, Sistema de Emergencias Médicas de la Generalitat de Catalunya, Barcelona, 2010, pág.10.

El Dr. Santiago Ferrándiz Santiveri, es Doctor en Medicina y Cirugía y fue uno de los principales actores en la creación del Sistema de Emergencias Médicas en Catalunya. También fue durante varios años Presidente de la Asociación Catalana de Medicina de Emergencias.

[104] CRUZ ROJA ESPAÑOLA, *Primer congreso nacional sobre transporte sanitario*, Sánchez, Valencia 1971. Congreso celebrado en el Hospital de la Cruz Roja de Valencia, los días 25-27 de mayo de 1971.

[105] SUAY, J., "Conferencia magistral inaugural", en: CRUZ ROJA ESPAÑOLA, *Primer congreso nacional sobre transporte...",* obra citada, Don José Suay Milio, era entonces Secretario General Técnico del Ministerio de Obras Públicas.

que se deben desarrollar, en casos de emergencia, con rapidez y disciplina militar"[106].

Ya en esa época se hacía una importante referencia a los medios de comunicación:

"No olvidemos los medios de comunicación, tan necesarios para poder movilizar adecuadamente las unidades encargadas del transporte"[107].

Referido a los accidentes de tráfico, se hacía una mención especial en el mencionado Congreso, afirmando:

"En el transporte sanitario terrestre encaja perfectamente el auxilio sanitario en carretera a las víctimas de accidentes de tráfico, por entender que, como mínimo, el 80 por 100 de este auxilio, es un problema de transporte sanitario terrestre.

Las víctimas de tráfico podemos decir, sin lugar a dudas, son hoy las más desatendidas, al menos con la rapidez, urgencia y cuidado que, en la mayoría de los casos, las víctimas necesitan"[108].

Por otra parte, ya en esa fecha tenemos datos, no solo sobre la actividad realizada, sino también sobre la gratuidad del servicio y lo que entonces se llamaban "salidas en blanco" para referirse a los actuales "falsos negativos"[109]. Además, se afirmaba que:

"La primera fase asistencial cuenta grandemente con el agente móvil y adecuado para que a la cabecera del asistido lleguen los medios que la técnica y modernos conocimientos permiten una atención organizada y eficaz seguida

---

[106] MIRABET, V. "Acto inaugural", en: CRUZ ROJA ESPAÑOLA, *Primer congreso nacional sobre transporte...",* obra citada pág. 2. El Dr. Vicente Mirabet Opalito, (1926-2012), era entonces el Presidente del Congreso y fue Jefe de la Unidad de Grandes Quemados del Hospital La Fe, de Valencia. El autor de este manual tuvo el agrado de conocerle y asesorarle en la puesta en servicio del sistema de facturación de la Cruz Roja de Valencia. (q.e.p.d.)

[107] MIRABET, V. "Acto inaugural", en: CRUZ ROJA ESPAÑOLA, *Primer congreso nacional sobre transporte...",* obra citada, pág. 3.

[108] MENENDEZ, A., "Auxilio sanitario en carretera: organización y funcionamiento", CRUZ ROJA ESPAÑOLA, *Primer congreso nacional sobre transporte...",* obra citada, pág. 19. Don Anastasio Menéndez Mesón, era Jefe del Servicio de Auxilio Sanitario en Carretera de la Dirección General de la Jefatura Central de Tráfico.

[109] Situaciones en las que hay necesidad de recursos pero el paciente/usuario ha sido ya evacuado.

de evacuación asistida y vigilante mantenida hasta la hospitalización del auxiliado"[110].

La Asociación Nacional de Empresarios de Ambulancias (ANEA), nació en Zaragoza, el 2 de octubre de 1978 y la funda un grupo de nueve empresarios con intereses en el sector. Este año también aparece la primera norma, el Real Decreto 763/1979, de 16 de marzo, por el que se aprobó el Reglamento Nacional de los Servicios Urbanos e Interurbanos de Transportes en Automóviles Ligeros, que catalogó a las ambulancias en la "clase C: especiales o de abono".

PERALES[111], en 1979 como gran visionario, adelanta que:

> *"Las medidas fundamentales para la atención y estabilización de un politraumatizado pueden y deben tomarse fuera de Cuidados Intensivos. Pueden realizarse al borde de una carretera si se dispone del personal y del material necesario"*[112].

No obstante, la atención a la emergencia sanitaria en España, surge de la modernización del transporte sanitario urgente, a partir de comienzos de los 80. Por identificar una fecha y un lugar, citaremos "Sanitaria 81", un congreso celebrado en Sevilla, en 1981, en el que más de 200 técnicos compartieron experiencias y debatieron sobre el futuro del transporte

---

110 PIEDROLA GIL, F., "Auxilio sanitario en carretera: aspecto médico", en: CRUZ ROJA ESPAÑOLA, *Primer congreso nacional sobre transporte...",* obra citada, pág. 25. El Dr. Fernando Piedrola Gil, era asesor médico de la Jefatura Central de Tráfico y un impulsor de la atención médica urgente prehospitalaria.

111 El Dr. Narciso Perales Rodríguez de Viguri, fue el impulsor del Plan Nacional de Resucitación Cardio-Pulmonar, Director de Hospitales de la Cruz Roja Española y Presidente de la Sociedad Española de Medicina Intensiva, actualmente denominada Sociedad Española de Medicina Intensiva, Crítica y Unidades Coronarias (SEMICYUC). Fue también vocal de la Subcomisión de urgencias, de la Comisión de análisis y evaluación del Sistema Nacional de Salud en 1991, conocido como informe "Abril".

112 PERALES, N., "Patología de los accidentados", en: FUNDESCO, *Los accidentes, el* transporte *y las telecomunicaciones*, *Mimeo,* Madrid, 1979, pág. 93.

Fundesco: Fundación para el desarrollo de la función social de las comunicaciones, en 1970, "fue instituida por la Compañía Telefónica Nacional de España y su objeto esencial orientado fundamentalmente al desarrollo de la ciencia y la cultura, lo constituye la investigación especulativa y aplicada y la formación de técnicos, con vistas al perfeccionamiento de las comunicaciones y de sus aplicaciones de todo orden", en: *Proyecto para la asistencia...",* obra citada, pág. 123. Web actual: http://www.hercules-seg.es

sanitario en España. De este encuentro surgió la Sociedad Española de Medicina de Catástrofes (SEMECA), cuyo principal impulsador fue el Dr. Carlos Álvarez Leiva[113]. Uno de los verdaderos núcleos de modernización de estas organizaciones.

Simultáneamente, por iniciativa de la Fundación para el desarrollo de la función social de las comunicaciones, MONTERO y DELGADO elaboraban un trabajo para la asistencia a las víctimas de accidentes de tráfico, dado el gran impulso del automóvil en esa época. Plantean el problema como:

> *"Entre los muchos factores en los que se puede incidir en la prevención de los accidentes y de sus consecuencias, están el tiempo y la cualificación de la asistencia, de manera que es sumamente deseable el conseguir una asistencia rápida y cualificada a los accidentados114.*
>
> *El problema de los accidentados hunde sus raíces en el problema más general de las urgencias. Este, a su vez lo hace en el problema asistencial. La carencia de la medicina preventiva le agrava, así como también, la insuficiencia de servicios sociales a los ancianos, niños, marginados, minusválidos, etc."115*

En esas fechas, el servicio de atención a la urgencia, principalmente en carreta, era dado por un pequeño grupo de ambulancias de las Jefaturas Provinciales de Tráfico, con una dotación humana de conductor y un ATS[116]. Por otra parte, la Cruz Roja prestaba servicios en toda España con voluntarios civiles y personal que efectuaba el servicio militar como voluntario.

---

[113]Entonces Capitán Médico del Ejército de Tierra y organizador del congreso celebrado en Sevilla. Actualmente retirado del Ejército. Actualmente, preside el Grupo SAMU, una organización privada puntera en la prestación y formación de servicios de atención médica urgente. [http://es.linkedin.com/pub/carlos-alvarez-leiva/35/b3a/9a]. También; www.samu.es

[114] MONTERO, J. R., DELGADO, J. L., *Proyecto para la asistencia de víctimas de accidentes en la red vial*, Fundesco, Madrid, 1981, pág. 16.

José Ramón Montero Botana, era Inspector Nacional de Socorrismo de la Cruz Roja Española y José Luis Delgado García, Asesor de Fundesco.

[115] MONTERO, J. R., DELGADO, J. L., *Proyecto para la asistencia...",* obra citada, pág. 59.

[116] ATS: Ayudante Técnico Sanitario. Anteriormente denominados "Practicantes", posteriormente Diplomado Universitario en Enfermería y más recientemente, con la adaptación a los nuevos títulos del Espacio Europeo de Educación Superior, Grado en enfermería.

Entonces, MONTERO Y DELGADO, veían una solución del problema a través de la Cruz Roja Española:

> *"Existe, sin embargo, otra forma posible de solucionar el problema, mediante la cualificación del actual servicio de la Cruz Roja en las carreteras españolas. El personal de la Cruz Roja en las carreteras son soldados*[117] *que han recibido un curso de socorrismo"*[118].

Los primeros indicios constatados en la implantación de un número de Emergencias Sanitarias están también de la mano de MONTERO y DELGADO, previendo la implantación como "señales" del número de teléfono para SOS [119]., el 222222 [120] También la concepción de las "comunicaciones unidas al de centro de coordinación"[121], así como, la del "transporte por helicóptero para el caso de grandes atascos y paraplejías posibles"[122].

Comienza a surgir el concepto de telemedicina o teleasistencia [unido para ambos autores], con el concepto de BELLOWS de que "Los médicos salvan vidas por teléfono"[123] y la "Coordinación de las comunicaciones para los servicios médicos de emergencia"[124], de McCLORURE.

Es por tanto, a comienzo de los 80 cuando también se potencia el transporte sanitario en el ámbito privado. De hecho, se constituye en Europa un

---

[117] Cabe decir que olvidaron a los voluntarios, verdaderos artífices y ejes del proceso de la Institución. Este defecto fue muy acusado en esta época donde existía una convivencia entre el personal "militar" y los voluntarios civiles con una importantísima impronta de carácter militar. Posteriormente, en 1989 se "desmilitarizo" la organización, creando las Unidades de Voluntariado de Socorros y Emergencias (UVSE) que más adelante se citará.

[118] MONTERO, J. R., DELGADO, J. L., *Proyecto para la asistencia... "*, obra citada, pág. 68.

[119] MONTERO, J. R., DELGADO, J. L., *Proyecto para la asistencia... "*, obra citada, pág. 82.

[120] Este número se fue implantando en la mayor parte de las provincias por parte del Cruz Roja.

[121] MONTERO, J. R., DELGADO, J. L., *Proyecto para la asistencia... "*, obra citada, pág. 91.

[122] MONTERO, J. R., DELGADO, J. L., *Proyecto para la asistencia... "*, obra citada, pág. 93.

[123] *Ver:* BELLOWS, J.G., en: MONTERO, J. R., DELGADO, J. L., *Proyecto para la asistencia... "*, obra citada, pág. 99.

[124] *Ver:* McCLOURE, en: MONTERO, J. R., DELGADO, J. L., *Proyecto para la asistencia... "*, obra citada, pág. 112.

Congreso Internacional de transporte sanitario "Tranzan" que organiza en España la Asociación Nacional de Empresarios de Ambulancia (ANEA), en 1982, en Lloret de Mar[125].

Hasta 1980, venían existiendo los denominados "Servicio Normal de Urgencia" (SNU), integrados en el Instituto Nacional de la Salud (INSALUD) del Ministerio de Sanidad, que atendían las urgencias en los centros de salud/ambulatorios.

Por la década de los ochenta, se crearon en algunas capitales de provincia el "Servicio Especial de Urgencias" (SEU), encargado de atender las urgencias médicas, directamente en el domicilio del paciente.

Con este sistema, convivían en la atención urgente, por un lado, la acción voluntaria de las ambulancias de la Cruz Roja y de la Asociación de Ayuda en Carretera (DYA), mediante puestos de socorro, principalmente dedicados a los accidentes de tráfico; por otro, las ambulancias de las Jefaturas Provinciales de Tráfico, también para accidentes de tráfico; y por un tercero, las ambulancias de las Casas de Socorro, de ámbito municipal.

También, existía alguna experiencia aislada de un servicio de ambulancias en parques de Bomberos, como es el caso de Ciudad Real[126] y Zaragoza[127]. En algún momento llegó a pensarse que este tipo de experiencias iban a ser extendidas a otros servicios de manera generalizada, pero a lo largo de estos años, no han fructificado de manera sólida. En la actualidad, hay más experiencias de este tipo, con la integración de servicios de Bomberos y

---

[125] *Ver:* Federación Nacional de Empresarios de Ambulancias (ANEA), *Secciones, revista*, pág. 14. Disponible en: http://anea.es/revistas/secciones%20revista/conocenos.pdf

[126] Puesto en servicio en 1986. Actualmente, denominado "Emergencias Ciudad Real". [http://www.emergenciacr.org]

[127] La primera experiencia destacada fue puesta en servicio en Zaragoza por el Dr. Armando Cester, actualmente Jefe de Asistencia Médica del Servicio Contra Incendios, Salvamento y Protección Civil del Ayuntamiento de Zaragoza.

Emergencias Sanitarias, similares al formato de los “FIRE-RESCUE”[128] existentes en Estados Unidos, entre ellas destacan los Bomberos de Navarra, Catalunya y los de la ciudad de Barcelona, que cuentan con ambulancias propias, con personal del propio Cuerpo de Bomberos.

Durante la década de los 80 y 90, ante la falta de liderazgo en la atención y transporte sanitario urgente, surgen importantes iniciativas, tanto de la Cruz Roja como de la Asociación de Ayuda en Carretera (DYA).

Tomando como ejemplo Madrid, en 1988, era una de las ciudades en las que se carecía de un sistema de emergencias eficiente. Ciertamente existían, Bomberos, Policías y ambulancias que acudían de manera aislada y sin coordinación a las situaciones de emergencia, pudiéndose encontrar simultáneamente en un mismo incidente ambulancias de tres organizaciones distintas y con un tiempo de respuesta muy superior a los quince minutos.

A partir de 1988, tuvo especial impacto el “Plan Nacional de Ambulancias” puesto en marcha por la Cruz Roja en todo España y que consistió en la renovación y puesta en servicio de 1.000 ambulancias que fueron exponsorizadas por lo que actualmente es el Banco Bilbao Bizkaia Argentaria (BBVA). Una de las características de estas ambulancias fue que eran de tipo furgón sobre elevado, concretamente de la marca Fiat, modelo Ducato y como dato curioso, todas fueron matriculadas en Ciudad Real, con el fin de lograr que las dos primeras letras de la matricula fueran CR, coincidiendo con “Cruz Roja”.

[128] Fire-Rescue, son organizaciones públicas existentes de manera generalizada en Estados Unidos de América que se encargan, tanto de la extinción de incendios, como rescates y salvamentos. Además, efectúan atención sanitaria urgente, mediante personal especialmente formado y acreditado como “paramédico”.

6.3 Regulación en el ámbito de la emergencia médica.

La situación normativa es bien diferente, ya que los primeros indicios normativos surgen del Gobierno Vasco en 1983, cuando creó la Comisión para el Estudio y Racionalización de la Red de Transporte Sanitario de Urgencia (RTSU)[129] y posteriormente, en 1988 la Cruz Roja Española formula el primer documento técnico con las características de las ambulancias[130].

Actualmente, el transporte sanitario urgente está regulado mediante el Real Decreto 836/2012, de 25 de mayo, por el que se establecen las características técnicas, el equipamiento sanitario y la dotación de personal de los vehículos de transporte sanitario por carretera[131]. Concretamente:

6.3.1 Clases de vehículos de transporte sanitario por carretera.

6.3.1.1 Ambulancias no asistenciales

Las que no están acondicionadas para la asistencia sanitaria en ruta. Esta categoría de ambulancias comprende las dos siguientes clases:

- Ambulancias de clase A1, o convencionales, destinadas al transporte de pacientes en camilla.
- Ambulancias de clase A2, o de transporte colectivo, acondicionadas para el transporte conjunto de enfermos cuyo traslado no revista carácter de urgencia, ni estén aquejados de enfermedades infectocontagiosas.

---

[129] Decreto 173/1983, de 11 de Julio, se creó la Comisión para el Estudio y Racionalización de la Red de Transporte Sanitario de Urgencia (RTSU). [http://www.interior.ejgv.euskadi.net/r42-440/es/contenidos/decreto/bopv198301609/es_def/index.shtml]

[130] CRUZ ROJA ESPAÑOLA. Características técnicas de los vehículos de transporte sanitario. Documento Técnico número 8, Madrid, 1988.

[131] Real Decreto 836/2012, de 25 de mayo. [http://www.boe.es/boe/dias/2012/06/08/pdfs/BOE-A-2012-7655.pdf]

6.3.1.2 Ambulancias asistenciales

Acondicionadas para permitir asistencia técnico-sanitaria en ruta. Esta categoría de ambulancias comprende las dos siguientes clases:

- Ambulancias de clase B, destinadas a proporcionar soporte vital básico y atención sanitaria inicial.
- Ambulancias de clase C, destinadas a proporcionar soporte vital avanzado.

6.3.2 Dotación de personal.

Los vehículos destinados a la prestación de los servicios de transporte sanitario deberán contar durante su realización con la siguiente dotación mínima de personal:

a) **Las ambulancias no asistenciales** de clases A1 y A2, deberán contar, al menos, con un conductor que ostente, como mínimo, el certificado de profesionalidad de transporte sanitario previsto en el Real Decreto 710/2011, de 20 de mayo y, cuando el tipo de servicio lo requiera, otro en funciones de ayudante con la misma cualificación.

b) **Las ambulancias asistenciales** de clase B (soporte vital básico), deberán contar, al menos, con un conductor que esté en posesión del título de formación profesional de técnico en emergencias sanitarias, previsto en el Real Decreto 1397/2007, de 29 de octubre, o correspondiente título extranjero homologado o reconocido Y otro en funciones de ayudante que ostente, como mínimo, la misma titulación.

c) **Las ambulancias asistenciales** de clase C (soporte vital avanzado), deberán contar, al menos, con un conductor que esté en posesión del título de formación profesional de técnico en emergencias sanitarias antes citado o correspondiente título extranjero homologado o reconocido, con un enfermero que ostente el título universitario de Diplomado en Enfermería o título de Grado que habilite para el ejercicio de la profesión regulada de enfermería, o correspondiente título extranjero homologado o reconocido. Asimismo, cuando la asistencia a prestar lo requiera deberá contar con un médico que esté en posesión del título universitario de Licenciado en Medicina o título de Grado que habilite para el ejercicio de la profesión regulada de médico, o correspondiente título extranjero homologado o reconocido.

No obstante, en la última década, se han promulgado varias Leyes de carácter Autonómico, así como Decretos y Órdenes, que vienen a dar cobertura a esta materia.

6.4 Sobre el Técnico de emergencias sanitarias

6.4.1 Consideración de personal sanitario

El Técnico en Emergencias Sanitarias tiene la consideración de "personal sanitario técnico" entre el personal estatutario de los servicios de salud y está encuadrado en el Grupo C2[132]

6.4.2 Titulación del personal voluntarios

Si bien la norma original (2012), no establecía ninguna especificidad para el personal voluntario de organizaciones no gubernamentales (finalidad humanitaria y social de carácter general), esta fue modificada en 2014, de forma que establece como requisito de formación para el personal voluntario disponer al menos, del certificado de profesionalidad, de manera que le deja exento de la obligatoriedad de contar con el título de Técnico en Emergencias Sanitarias.

[132] De acuerdo a la Orden SSI/2420/2015, de 11 de noviembre, por la que se actualiza el catálogo homogéneo de equivalencias de las categorías profesionales del personal estatutario de los servicios de salud. Disponible en: https://www.boe.es/boe/dias/2015/11/17/pdfs/BOE-A-2015-12403.pdf

> *"El personal voluntario que desempeñe las funciones de conductor o de conductor en funciones de ayudante en las ambulancias destinadas a la prestación de los servicios de transporte sanitario de Cruz Roja Española o de otras entidades cuya actividad principal sea la prestación de servicios de asistencia sanitaria con una finalidad humanitaria y social de carácter general, deberá ostentar, como mínimo, el certificado de profesionalidad de transporte sanitario previsto en el Real Decreto 710/2011, de 20 de mayo, por el que se establecen dos certificados de profesionalidad de la familia profesional Sanidad que se incluyen en el Repertorio Nacional de certificados de profesionalidad, sin que le resulten de aplicación los requisitos de formación establecidos en el artículo 4.1 del presente real decreto"*[133].

Esta norma fue recurrida y ratificada por el Tribunal Supremo[134].

6.5 Funciones públicas

Cabe destacar la consideración como agente de la autoridad del personal de la ambulancia que preste servicios para el servicio público de salud.

Así se pronuncia la sentencia del Juzgado de lo penal número 1, de Donostia San Sebastian, en su sentencia[135] en la que se condena a un autor, por delito de atentado a agentes de la autoridad, cometido contra un técnico de ambulancias que prestaba servicios para el Servicio Vasco de Salud-Osakidetza.

En este sentido establece esta calificación jurídica al entender que el personal sanitario que depende de un organismo público, en la medida que participa del ejercicio de una función pública puede ser sujeto pasivo de un delito de atentado y al tener la empresa de ambulancias suscrito un contrato de gestión de servicios públicos, se integra en el sistema sanitario bajo la dependencia organizativa y funcional de ese de forma que concluye que los sanitarios que acudieron al domicilio actuaban como parte integrante de la

---

[133] Apartado 1 de la Disposición adicional sexta, del Real Decreto 836/2012, de 25 de mayo, por el que se establecen las características técnicas, el equipamiento sanitario y la dotación de personal de los vehículos de transporte sanitario por carretera, modificado mediante el Real Decreto 22/2014, de 17 de enero.

[134] Sentencia del 23 de septiembre de 2016 STS 4218/2016 - ECLI:ES:TS:2016:4218

[135] Sentencia 213/2014. Disponible en: https://dokumen.tips/documents/sentencia-no-213-14.html

sanidad pública, ejerciendo en esa condición sus funciones dentro de un marco público.

6.6 Contratación de organizaciones no gubernamentales con el sector publico

Durante años, las organizaciones no gubernamentales, constituidas por voluntarios, principalmente la Cruz Roja y la Asociación de Ayuda en carretera (DYA), han venido contratado con la administración pública sus servicios de ambulancias.

6.6.1 Sobre la procedencia

Esto ha venido a declarar irregular una sentencia[136] del Tribunal Superior de Justicia del País Vasco, al entender que los servicios prestados por estas organizaciones son están considerados como "transportes privados complementarios, de forma que (...) carecen de ánimo de lucro y están caracterizadas por sus cualidades asistenciales benéficas o sociales"[137].

> *"(...) al habilitar a Cruz Roja y otras entidades similares para realizar esos servicios de transporte urgente y de emergencias no previsibles, se sitúa en las antípodas de la idea de contratación administrativa de servicios permanentes y estables, y alude a un cometido excepcional que, sin constituir el supuesto de movilización general de recursos de la letra c), se orienta a cubrir situaciones espontáneas en que prevalece nuevamente esa pauta de subsidiariedad en el empleo público de tales medios de transporte sanitario en manos de organizaciones no lucrativas"*[138].

[136] Sentencia número 540/2016, del Tribunal Superior de Justicia del País Vasco, sección 1ª de la Sala de lo contencioso administrativo del 13 de diciembre de 2016. Disponible en: http://www.habe.euskadi.eus/s23-4728/es/contenidos/anuncio_contratacion/expjaso5785/es_doc/adjuntos/apertura_plicas6.pdf

[137] Fundamento jurídico 2º de la sentencia citada.

[138] Fundamento jurídico 3º.1 de la sentencia citada

6.6.2 Remuneración

Por otra parte si pueden percibir una remuneración pero no podrá ser por prestar servicio como transporte público y nunca como independiente o indiferenciada de su actividad habitual:

> *(...) está posibilitando que esas organizaciones, que no realizan ni pueden realizar transporte público, puedan quedar en algunos supuestos amparadas por la relativa ficción de que prestan un servicio privado complementario de su propia actividad asistencial e, incluso, llegar a percibir una remuneración, pero que nunca se tomará como independiente ni diferenciada a los efectos previstos en el apartado e) del artículo 102.2. Es decir, que nunca equivaldrá a la prestación de un servicio de transporte público.*

6.6.3 Servicios

Pueden prestar los siguientes servicios considerados transporte privado complementario:

a) Transporte de personas cuya asistencia sanitaria realice la propia entidad benéfica.

b) Transportes sanitarios que se realicen sin percibir retribución alguna.

c) Transportes sanitarios derivados de situaciones especiales tales como operaciones de rescate y salvamento, accidentes, catástrofes, calamidades públicas, conflictos sociales, epidemias, riesgos o siniestros colectivos y sucesos similares.

d) Transportes sanitarios derivados de urgencias o emergencias no previsibles.

e) Transporte inmediato de los lesionados en accidentes de tráfico al correspondiente centro hospitalario o asistencial.

f) Transportes realizados con ocasión de la cobertura sanitaria por la entidad benéfica de que se trate de actividades deportivas, culturales y recreativas.

g) Servicios de transporte sanitario que se desarrollen en un territorio en que los medios de transporte público y oficial existentes resulten insuficientes para atender las necesidades de esta clase de transporte en dicho territorio.

h) Servicios de transporte sanitario que se desarrollen en un territorio en que el nivel de competencia sea insuficiente o inadecuado para garantizar la libre elección de usuario, a juicio del órgano que ostente la competencia en materia de sanidad en dicho territorio.

6.6.4 Los costes del servicio

En cuanto a los costes de este tipo de transporte se consideran incluidos en el conjunto general de su actividad general:

> *"Los costes que la prestación de los mencionados transportes genere a las entidades a que se refiere esta disposición, se considerarán incluidos en el conjunto de los que éstas soportan como consecuencia de su actividad general de carácter humanitario y social y, por tanto, la remuneración que, en su caso, puedan percibir por dicha prestación se entenderá siempre referida a dicha actividad general, no atribuyéndosele, en consecuencia, el carácter de percepción independiente a los efectos previstos en el apartado e) del artículo 102.2."*

6.7 <u>Prestación actual</u>

6.7.1 Pasado remoto

Para FERRANDIZ, la creación de los sistemas de emergencias sufren un punto de inflexión muy significativo a partir de la creación de los "Sistemas de Emergencias Médicas bajo un concepto europeo"[139] de forma que el trasporte de enfermos da un paso más cualitativo creando una cultura de emergencias[140].

En el ámbito de la gestión pública de las Emergencias Sanitarias, la primera organización en el Estado Español fue el 061 de la ciudad de Barcelona, que surge como reforma del SEU, de esa misma ciudad, en 1989[141].

[139] FERRANDIZ, S., Tesis doctoral: Aproximación epidemiológica al trasporte interhospitalario de enfermos críticos y a la asistencia prehospitalaria de emergencias en Catalunya, depositada en la Facultad de Medicina de la Universidad de Barcelona, Barcelona, 1994, págs. 14 y ss.

[140] *Ver* FERRANDIZ, S., *Emergency Medical Services Systems in the European Union*, Organización Mundial de la Salud, Copenahgen, 2008.

[141] Proceso liderado por el Dr. Raimont Quintana Miró, médico y filósofo catalán, quien además fue importante ideador y planificador en sus orígenes de los 061 de Barcelona, Baleares, Valencia, Canarias y Galicia, así como, de los 1-1-2 de Canarias, Castilla la Mancha y Extremadura. El Dr. Quintana, ha sido uno de los más importantes planificadores y gestores en el ámbito de la emergencia médica en España.

Entonces se comenzó a establecer un ratio de respuesta al 80 % de la población urbana en menos de quince minutos, mejorando tanto los tiempos de respuesta, como la coordinación de los recursos.

Se creó una nueva oferta, a través de ambulancias de soporte vital básico y avanzado, lo que supuso una gran mejora en el servicio, y como siempre ocurre en la gestión de servicios públicos, apareció un incremento de la demanda.

A comienzos de los 90, se ponen en marcha una serie de experiencias basadas en el número de teléfono 061 como son el de Madrid y Baleares principalmente. Más tarde, como organización independiente, y forma de empresa pública, surge el *Sistema d'Emergències Mèdiques de Catalunya (SEM)*, organización dependiente de la Generalitat y que comenzó encargándose del transporte interhospitalario en Catalunya. Más tarde, se creó la *Empresa Pública de Emergencias Sanitarias* en Andalucía (EPES) y *Urgencias Sanitarias 061*[142], en Canarias, a las que fueron siguiendo el resto de Comunidades Autónomas.

Posteriormente, el 061 de Madrid dejó un *vacío* en el *mercado* de las emergencias ya que su labor se circunscribió, casi en exclusiva, a la atención sanitaria urgente en domicilios particulares y enfermedad grave, dejando prácticamente desatendida la urgencia urbana, *nicho* que fue cubierto con la aparición del SAMUR[143], del Ayuntamiento de Madrid, a principios de los 90.

---

[142] El autor fue Director Gerente y creador de esta organización pública.

[143] Inicialmente denominado Servicio de Asistencia Médica Urgente. Posteriormente, Servicio de Asistencia Municipal Urgente. Sus principales impulsores fueron Don José Luis Gilarranz Vaquero (primer director gerente, q.e.p.d.), Don Juan Carlos Medina Alvarez (primer director médico) y Javier Quiroga Mellado, enfermero y actual Jefe de la Unidad de Comunicaciones, pero verdadero motor de la organización.

En 1991, el Sistema Nacional de Salud, creó una "Comisión de Análisis y Evaluación del Sistema", denominada comúnmente como "informe Abril"[144], que trataba de analizar la situación sanitaria Española y en la que se creó una Subcomisión específica, denominada "Subcomisión de urgencias"[145] en que destaca, entre otros aspectos, los siguientes:

> "La ordenación de la atención a la urgencia médica conlleva, por una parte, la necesidad de desarrollar un modelo desde un ámbito que, en nuestro contexto debería ser autonómico...
>
> El sistema debe contemplar en todo caso:
>
> - La existencia de centros de coordinación de urgencias médicas...
> - Único número sanitario de fácil memorización.
> - Disponibilidad de una red de transporte sanitario de urgencia...
> - Existencia de una red de comunicaciones ...
> - Existencia de recursos asistenciales cualificados...
> - Garantizar la asistencia en primera instancia a la urgencia, incluida resucitación cardiopulmonar avanzada...
>
> El sistema debe ser de financiación pública, como corresponde a un servicio básico de salud. Aunque claro está, se facturaran y se

---

[144] El informe "Abril" fue un análisis en el que se juzgaba y evaluaba el sistema sanitario público español, con una serie de recomendaciones para su planificación posterior. Redactado en 1990-1991 por una comisión presidida por Fernando Abril Martorell, Vicepresidente y Ministro de Economía en el gobierno de Adolfo Suárez, apellido del que tomó su denominación. El informe estuvo terminado y presentado al ministro el 25 de julio de 1991 y fue presentado en el Congreso de los Diputados por Fernando Abril Martorell el 25 de septiembre. En él se consideraba que existía "un cierto agotamiento del sistema sanitario". Disponible en: http://www.congreso.es/public_oficiales/L4/CONG/DS/CO/CO_306.PDF

[145] Presidida por Rafael Alonso Pedreira y en la que fueron miembros, entre otros, Narciso Perales Rodriguez de Viguri y Santiago Ferrandiz Santiveri, citados específicamente en varios apartados de este texto y con los cuales el autor de este texto tuvo el honor de trabajar.

cobraran las prestaciones, a personas entidades no cubiertas directamente por el sistema público.

La subcomisión considera que debe analizarse la conveniencia de implantar una tasa sobre pólizas de seguro"[146].

A partir de entonces, y sobre todo, en los últimos años de la década de los 90, la expansión de los servicios de emergencia en Madrid fue muy importante, de manera que en enero de 1998, se pone en funcionamiento el Teléfono Unico de Urgencias, 112, a través de una sociedad pública llamada "Madrid 112".

Tras la aparición del 061 y del Samur, que aglutinaban principalmente la ciudad de Madrid, se creó el Servicio de Emergencias de la Comunidad Autónoma de Madrid (SERCAM), también con prestación de asistencia sanitaria urgente, con ambulancias de soporte vital básico y avanzado, así como, helicópteros, todo ello adscrito a los Bomberos de la Comunidad. Posteriormente, se creó el actual SUMMA 112, fruto de una fusión entre el Sercam y el 061 de Madrid

Como vemos, sobre todo durante la década de los 90 el sistema de atención extrahospitalaria urgente tuvo varias trasformaciones, de manera que cada organización buscaba su espacio de actividad y un papel en su ámbito territorial.

Estas trasformaciones, han supuesto un importantísimo dinamismo en la resolución de las emergencias. No solo desde un punto de vista sanitario, sino que ha venido creando una conciencia de Sistema e implicando igualmente al resto de los actores, como son, la Policía, los Bomberos y la

[146] *Ver* Subcomisión de urgencias, de la Comisión de análisis y evaluación del Sistema Nacional de Salud. Ministerio de Sanidad, Madrid, julio 1991. Informe citado. Disponible en: http://www.congreso.es/public_oficiales/L4/CONG/DS/CO/CO_306.PDF

Protección Civil, incentivando una mejora en el servicio, haciendo planes de autoprotección y planes operativos conjuntos.

6.7.2 Actualidad

Actualmente, la atención prehospitalaria urgente está garantizada[147] en toda España con indicadores muy satisfactorios e implantada en todas las Comunidades Autónomas, una vez que se hubieron efectuado las trasferencias en materia de sanidad a todos los Gobiernos Autónomos.

En Marzo de 2011, se publicó el primer estudio elaborado a nivel Nacional, titulado "Los servicios de emergencia y urgencia médica extrahospitalaria en España[148]", elaborado por la consultora Mensor, a iniciativa de varias Comunidades Autónomas.

Existe un gran número de Comunidades Autónomas donde la prestación de este servicio está externalizada, a través de empresas especializadas en el transporte sanitario, de forma que la Administración mantiene la titularidad del servicio. Existen casos como el del Sistema de Emergencias Médicas en Catalunya en el que coincide que en una misma ambulancia, el vehículo y los técnicos (conductor y sanitario) son de una empresa, el médico y/o enfermero de otra, mientras que la regulación, financiación y control, corresponde a una sociedad pública de la Generalitat de Catalunya.

Dicho esto, sigue perfectamente viva la afirmación de PERALES, en el sentido siguiente,

---

[147] *Ver* RUIZ, A., "Los servicios de urgencias y emergencias pioneros en nuestro país", en: *Puesta al día en urgencias, emergencias y catástrofes*, volumen 8, Aran, 2008, pág.: 209-214.

[148]BARROETA, J., ISTURITZ, J. J., *y otros., Los servicios de emergencia y urgencia médica extrahospitalaria en España,* Ménsor, Madrid, 2011. Don Joseba Barroeta Urquiza, fue Director Gerente de Emergencias Médicas 061, en Andalucía y Director Gerente del Hospital Virgen del Rocío.

http://www.mensor.es/es/LosserviciosdeemergenciasyurgenciasmEdicasExtrahospitalariasenEspaNa.pdf.pdf

"(...) podemos concluir que los sistemas integrales de urgencias médicas se han mostrado muy útiles en la disminución de la mortalidad, principalmente en dos de las tres primeras causas de la misma en los países industrializados, es decir, la cardiopatía isquémica y los accidentes.

La pieza fundamental en un servicio integral de urgencias son los centros de coordinación e información de urgencias médicas, auténticos centros directivos que deben coordinar todos los dispositivos asistenciales con el fin de garantizar una asistencia correcta y eficaz, al menor coste posible y sin duplicidades que encarezcan el sistema"[149].

Como resumen de la evolución histórica de los servicios de atención a la emergencia sanitaria y sus principales hitos, son los siguientes:

"ANTECEDENTES DE LOS ACTUALES SERVICIOS DE EMERGENCIAS

1948 Servicios médicos nocturnos de urgencia.

1962 Servicio Especial de Urgencias (SEU) de Madrid.

1964 Servicio Especial de Urgencias (ciudades de >90.000 asegurados).

1968 Servicios Normales de Urgencia (SNU).

1974 Ley general de seguridad social.

[149] PERALES, N., "La urgencia médica integral", en: *El País*, Madrid, 15 de diciembre de 1982. Disponible en:

file:///C:/Users/Tunstall/AppData/Local/Microsoft/Windows/Temporary%20Internet%20Files/Content.Outlook/RC235HCT/La%20urgencia%20m%C3%A9dica%20integral%20%20%20Edici%C3%B3n%20impresa%20%20%20EL%20PA%C3%8DS.htm

1981 Programas de trasporte sanitario asistido (UVI móvil) en Palencia y Madrid (Síndrome toxico).

1983 Programa de asistencia sanitaria urgente.

1984 Se inicia el Plan Nacional de Resucitación Cardiopulmonar.

1986 Inicio actividad Sistema Emergencias Médicas en Catalunya.

1986-1988 Proposiciones parlamentarias.

1988 Plan nacional de ambulancias de la Cruz Roja.

1989 Reconversión de la Sociedad Española de Medicina de Urgencias en Sociedad Española de Medicina de Emergencias.

1989 Plan director del Instituto Nacional de la Salud

1989-1990 Subcomisión de urgencias del "informe Abril".

1990-1999 Desarrollo de los servicios de emergencia Autonómicos"[150].

1989 Creación 061 Barcelona

1989 Creación 061 Madrid

1993 Creación EPES-061 Andalucía

1994 Creación 061-Canarias

1996 Comienzan a facturarse los servicios de emergencias médicas a UNESPA (Unión de seguros)

2001 Transferencia de sanidad a las CCAA pendientes: Madrid, Principado de Asturias, Castilla y León, Islas Baleares, Aragón, Murcia,

[150] PERALES, N., y colaboradores., "Pasado, presente y futuro de los sistemas integrales de emergencias", en: *Avances en emergencias y resucitación*, Volumen IV, Edikame, Barcelona, 2000, tabla 5, pág.19. Actualizada por el autor.

Castilla

La Mancha, Cantabria, Extremadura y La Rioja.

6.8 Integración del 061 en el 112

El Teléfono Unico de Urgencias 1-1-2 comenzó a implantarse en España en 1997, mientras que el teléfono de atención a la emergencia sanitaria 061, ya venía funcionando en alguna Comunidad Autónoma desde muchos años atrás (1989).

Varios de los servicios de emergencias médicas centraron su imagen corporativa, no en el servicio que prestaban, sino en su número de teléfono de acceso, es decir en el 061. Esto hizo que con la aparición del 1-1-2, surgieran múltiples resistencias para una posible integración operativa del número sectorial 061 a uno más global de atención a cualquier tipo de emergencia, como es el 1-1-2.

En la actualidad, son varias las Comunidades Autónomas en las que está pendiente una integración, entre el 061 y el 1-1-2, sino que existe una colaboración entre estos dos servicios.

Los modelos existentes son los siguientes:

6.8.1 Modelo integrado

La sala operativa del servicio de emergencias médicas se encuentra físicamente en el mismo espacio que la del 1-1-2, se comparte también espacio con otros intervinientes como policía o bomberos y el número de teléfono 061 se encuentra desviado hacia el 1-1-2, de forma que se llame a cualquiera de los dos, la atención se produce por el mismo sistema.

Este modelo está en funcionamiento por ejemplo, en las islas Canarias.

6.8.2 Modelo de integrado parcialmente

La sala operativa del servicio de emergencias médicas se encuentra físicamente en el mismo espacio que la del 1-1-2, no se comparte también espacio con otros intervinientes como policía o bomberos y el número de teléfono 061 se encuentra desviado hacia el 1-1-2, de forma que se llame a cualquiera de los dos, la atención se produce por el mismo sistema.

Este modelo está en funcionamiento por ejemplo, en Euskadi o Catalunya.

6.8.3 Modelo de colaboración

La sala operativa del servicio de emergencias médicas se encuentra en un espacio físico diferente al 1-1-2, no se comparte también espacio con otros intervinientes como policía o bomberos y el número de teléfono 061 actúa y se atiende independientemente del 1-1-2.

Este modelo está en funcionamiento por ejemplo, en Andalucía.

7 LA PROTECCIÓN CIVIL.

7.1 Concepción inicial

Entendemos la protección civil como el conjunto de actuaciones de planificación e intervención que actúa en caso de un grave accidente, catástrofe o calamidad pública.

Anagrama Internacional de la Protección Civil.

7.2 Marco histórico

Los primeros esbozos en algún movimiento social semejante a la Protección Civil de hoy en día brotaron en España en 1812, de la Constitución de Cádiz[151], que había llevado a la creación en toda la nación de un cuerpo civil de seguridad pública y encargado del orden y la paz que se conoció como,

> *"(...) Milicias Nacionales" o Voluntarios Realistas, creando en 1814 un reglamento de voluntarios civiles dependientes del jefe militar de la plaza y con una estructura militar y cuya cantidad de miembros tenía que ser 30 por cada 1.300 habitantes y su pertenencia podía incluso obligar "a todo ciudadano español en el ejercicio de sus derechos desde la edad de treinta años hasta los cincuenta"*[152].

En los años 30 y 40 (alrededor de 1930 y 1940), la idea que predominaba en la población era la que entonces se denominó como "defensa pasiva o defensa civil", sobre todo, para la defensa a los ataques aéreos.

Es en la década de los años 50 cuando,

[151] GRACIA, L., "Breve noticia histórica de la lucha contra...", obra citada, pág. 29.

[152] Artículo 1, del Reglamento de las Milicias Nacionales, en: GRACIA, L., "Libro de acuerdos...", obra citada, pág. 29.

"(...) va apareciendo el concepto de Protección Civil, al ir desplazando los riesgos de ataque aéreo e ir surgiendo nuevos riesgos de la mano de la industrialización y urbanización"[153].

Por otro lado, la Protección Civil, como la entendemos hoy en día, nace el 12 de agosto de 1949[154], en el artículo 51, Protocolo 1, adicional al Tratado de Ginebra "Protección a las víctimas de los conflictos armados internacionales", que es una de las disposiciones otorgadas para complementar el trabajo de la Cruz Roja.

En el año de 1949, justo cuando la Liga de sociedades de la Cruz Roja y Media Luna Roja[155], debatía por la implementación de las tareas de Protección Civil, a través de un cuerpo de carácter civil y ya contemplado en el postulado básico de la misma, se lanza una convocatoria para buscar un distintivo que permitiera el reconocimiento de esta disciplina a nivel mundial.

En España, ya en 1941 se creó la Jefatura Nacional de Defensa Pasiva, cuya misión era la de protección de la población en caso de ataques aéreos. Posteriormente en 1960, nace la primera Dirección General de Protección

---

[153] IZU, M., "De la Protección Civil a la gestión de emergencias: la evolución del marco normativo", en: *Revista Aragonesa de Administración Pública,* nº 35, Zaragoza, 2009, pág. 317. El Dr. Miguel José Izu Belloso es un jurista y político español, cuya trayectoria profesional y política ha transcurrido en su comunidad natal, Navarra. Licenciado en Ciencias Políticas y Doctor en Derecho. Ha desarrollado su vida profesional primero como abogado y luego como funcionario de la Administración de la Comunidad Foral de Navarra, actualmente como vocal del Tribunal Administrativo de Navarra, y como profesor universitario de Derecho Administrativo.

[154] *Ver:* Organización Internacional de Protección Civil. http://www.icdo.org

[http://www2.ohchr.org/spanish/law/protocolo1.htm] Estatutos de constitución disponibles en: http://biblio.juridicas.unam.mx/libros/1/377/28.pdf

[155] Actualmente, Federación Internacional de Sociedades de la Cruz Roja y de la Media Luna Roja. *Ver:* Comité Internacional de la Cruz Roja. http://www.icrc.org/spa/index.jsp

[http://www.icrc.org/spa/resources/documents/misc/6y2p85.htm]

Civil[156], adscrita a la Presidencia del Gobierno, con estructura militar y dirigida por mandos militares.

Este órgano incluso llego a publicar una "Cartilla popular de Protección Civil DG-1: información y consejos elementales a la población civil para su autoprotección en caso de guerra[157].

En 1967, desaparece la mencionada Dirección General y pasó a ser una Subdirección General, dependiente de la Guardia Civil. Un año más tarde, se establece su estructura y competencias mediante el Decreto 398/1968[158], definiendo en su artículo primero, el concepto de Protección Civil como:

> *"El conjunto de acciones encaminadas a evitar, reducir o corregir los zafios causados a y bienes por los ataques realizados con toda clase de medios de agresión en la guerra y, también, por los elementos naturales o extraordinarios en tiempo de paz cuando la amplitud y gravedad de sus efectos les hacen alcanzar el carácter de calamidad pública. Tanto en paz como en guerra habrá misiones que cumplir para la Protección Civil; su actuación es, pues, continua y permanente. Misiones que comprenderán lo mismo el estudio y la prevención de los peligros y perjuicios posibles como la lucha contra éstos, con el apoyo y colaboración de la Guardia Civil, ya que por imperativo de sus Reglamentos es misión permanente de las fuerzas de este Cuerpo".*

A comienzos de la década de los ochenta, se observa una gran actividad regulatoria en materia de Protección Civil, principalmente la siguiente:

- Ley Orgánica 6/1980[159], de 1 de julio, por la que se regulan los criterios básicos de la defensa nacional y la organización militar, se define la "defensa civil" como "la disposición permanente de todos los recursos humanos y materiales no propiamente militares al

[156] Decreto 827/1960, de 4 de mayo, por el que se crea la Dirección General de Protección Civil. Disponible en: **http://www.boe.es/diario_boe/txt.php?id=BOE-A-1960-6642**

[157] *Ver:* DIRECCION GENERAL DE PROTECCION CIVIL, Cartilla popular de Protección Civil DG-1: información y consejos elementales a la población civil para su autoprotección en caso de guerra, Presidencia del Gobierno, Madrid, 1963.

[158] Disponible en:: http://www.boe.es/boe/dias/1968/03/08/pdfs/A03531-03532.pdf

[159] Disponible en: http://www.boe.es/buscar/doc.php?id=BOE-A-1980-14755

servicio de la defensa nacional y también en la lucha contra todo tipo de catástrofes extraordinarias".

- Real Decreto 1547/1980[160], de 24 de julio, sobre reestructuración de la Protección Civil, se creó en el Ministerio del Interior la Dirección General de Protección Civil como órgano directivo, de programación y ejecución de las competencias del Estado en esta misma materia.
- Real Decreto 1907/1982[161], de 23 de julio, por el que se modificó aquél, se estableció una nueva estructura orgánica de la Dirección General de Protección Civil, con objeto de facilitar su actuación, en base a dos áreas funcionalmente diferenciadas, dedicada una al estudio y la prevención y la otra a la intervención operativa en emergencias.
- Real Decreto 2000/1984[162], de 17 de octubre, sobre modificación de la estructura orgánica de la Dirección General de Protección Civil.

Para la Dirección General de Protección Civil y Emergencias del Ministerio del Interior,

> *"(...) el actual Sistema de Protección Civil español es producto de la configuración política e institucional del Estado que surge con la Constitución de 1978. No obstante, tiene antecedentes semejantes a los que históricamente se producen en otros países de nuestro entorno.*
>
> *La organización pública de la Protección Civil surge en España, de forma análoga a otros países, con una fuerte impronta militar y con la finalidad de proteger a la población en caso de conflicto bélico. Este objetivo se ve posteriormente ampliado al conjunto de riesgos catastróficos que pueden afectar simultáneamente a amplios colectivos de población, y por otra parte, en sus aspectos organizativos y desde el punto de vista conceptual, va desplazándose desde los ámbitos de la Defensa Nacional a los de la Seguridad Pública.*

---

[160] Disponible en: http://www.coruna.es/Bomberos/pdf/normativa/estatal-pc/1547-1980.pdf

[161] Disponible en: http://www.boe.es/diario_boe/txt.php?id=BOE-A-1982-20504

[162] Disponible en: http://www.boe.es/diario_boe/txt.php?id=BOE-A-1984-24944

Esta secuencia se refleja en las distintas disposiciones legales que abarcan desde la constitución del Servicio Nacional de la Defensa Pasiva y del Territorio en la Presidencia del Gobierno, hasta por el que se crea la Dirección General de Protección Civil en el Ministerio del Interior, con características parecidas a la actual Dirección General de Protección Civil y Emergencias.

La simple reseña de las definiciones que dan las normas anteriormente aludidas acerca de su objeto o finalidad es suficientemente significativa de la evolución experimentada a lo largo del período.

Así, en el Decreto por el que se crea la Jefatura Nacional de la Defensa Pasiva y del Territorio, se establece que ésta habrá de "dirigir y reglamentar la protección de la población y de los recursos y requisas de todo orden contra las posibles agresiones aéreas".

Este concepto se amplía en el Decreto de 4 de mayo de 1960, en el que a la Protección Civil se le atribuye la «misión de organizar, reglamentar y coordinar, con carácter nacional, la protección de la población y de los recursos y riquezas de todo orden, en los casos de guerra o calamidad pública, con el fin de evitar o reducir los riesgos de las personas y de los bienes».

Es, sin embargo, el Decreto de 29 de febrero de 1968, en el que el concepto de Protección Civil queda acuñado en términos que prácticamente perduran hasta hoy día. Este Decreto señala en su artículo primero que la Protección Civil es "el conjunto de acciones encaminadas a evitar, reducir o corregir los daños causados a personas y bienes por los ataques realizados con toda clase de medios de agresión en la guerra y también, por los elementos naturales o extraordinarios en tiempos de paz, cuando la amplitud y gravedad de sus efectos le hacen alcanzar el carácter de calamidad pública", y continua afirmando que "tanto en paz como en guerra habrá misiones que cumplir para la Protección Civil; su actuación, pues, es continua y permanente. Misiones que comprenderán lo mismo el estudio y la prevención de los peligros y perjuicios posibles, como la lucha contra éstos".

Ese mismo Decreto de 29 de febrero de 1968 es significativo al hacer depender la Protección Civil del Ministerio de Gobernación como Subdirección General de la Dirección General de la Guardia Civil.

A pesar de ello en este Decreto se reafirma el carácter de la Protección Civil como elemento de la defensa nacional, por lo que, se señala, "deberá actuar coordinadamente con los tres Ejércitos y las fuerzas de orden público".

En lo que respecta a la evolución, de la Protección Civil, desde el ámbito de la «defensa nacional» al de la «seguridad pública», e independientemente del Departamento Ministerial de adscripción, no culmina con claridad hasta la Ley 2/1985, de 21 de enero, de Protección Civil, actualmente vigente"[163].

Hasta comienzos de la década de los años 80, el concepto Protección Civil, estaba limitado a una serie de actuaciones de carácter absolutamente

[163] *Ver:* Dirección General de Protección Civil del Ministerio del Interior. http://www.proteccioncivil.org

excepcional, con un personal, en la mayoría de los casos procedente de segunda actividad del Ejército de Tierra y que limitaba su actuación a algún discreto dispositivo de respuesta a las catástrofes, siempre reactivo y de carácter militar, pese a llamarse "civil".

De hecho, una característica fundamental de esta época fue que los recursos que Protección Civil tenía únicamente estaban operativos cuando la catástrofe se producía de forma que mientras ésta no llegaba, se limitaban a mantenerlos en teórico funcionamiento durante todo el año. Evidentemente, su operatividad era muy escasa.

7.3 Regulación en el ámbito de la Protección Civil

En materia de Protección Civil, la situación ha sido y es más compleja ya que la Constitución Española de 1978, no menciona expresamente a la Protección Civil. La única referencias es la que figura en el artículo 30, estableciendo que "mediante Ley, podrá regularse los deberes de los ciudadanos en los casos de grave riesgo, catástrofe, o calamidad pública", si bien, en el debate Parlamentario, parece ser que llegó a figurar la previsión de una Ley de Protección Civil, que desapareció en el texto definitivo[164].

7.3.1 Ley de Protección Civil (vigente hasta el 11 de enero de 2016)

Aunque esta norma ya no se encuentra en vigor, consideramos conveniente analizarla ya que esta, su desarrollo normativo y las diferentes sentencias con ella relacionada ha venido a marcar la tendencia y el camino hacia la nueva Ley que analizaremos con posterioridad.

---

[164] Fuente: BARCELONA, J., *La Protección Civil municipal,* Sitúela, Madrid, 2007, pág. 57 y ss.

Javier Barcelona Llop, es Profesor titular de Derecho Administrativo en la Universidad de Cantabria.

La primera norma que aparece con rango de Ley es la Ley de Protección Civil de 1985[165]. Aunque esta Ley deja de estar en vigor en enero de 2016 para entrar la nueva Ley del Sistema Nacional de Protección Civil, merece la pena tener en consideración algunos aspectos que siguen vivos, aun con la nueva norma.

Esta Ley de 1985, se vio afectada, cinco años después, de manera especial por una singular Sentencia[166] del Tribunal Constitucional (STC), que vino a aclarar las competencias en materia de Protección Civil, en base a lo que el alto tribunal había establecido un año antes de la promulgación de la Ley, es decir en 1984, como resultado de la creación de los llamados Centros de Coordinación Operativa del Gobierno Vasco.

En 1983, el Gobierno Vasco, mediante el Decreto 34/1983, de 8 de marzo, crea unos denominados Centros de coordinación Operativa (conocidos comúnmente como Sos Deiak[167]), lo que es recurrido ante el Tribunal Constitucional por la Administración General del Estado. Un año más tarde, el Tribunal Constitucional, dicta sentencia en la cual falla a favor de los intereses del Gobierno Vasco, concretamente:

> *"Que la Comunidad Autónoma de Euskadi es titular de la competencia para establecer Centros de Coordinación Operativa, que se inserten en la órbita de la Protección Civil, entendida como conjunto de acciones dirigidas a prevenir riesgos, catástrofes y calamidades y a paliar y aminorar sus consecuencias; y que al organizar dichos Centros y establecer dentro de su territorio deberes de información, con las limitaciones y en el sentido que resultan de los fundamentos de esta Sentencia, no se invaden las competencias del Estado, en materia de seguridad pública, tal y como previene el art. 149.1.29 de la Constitución"*[168].

---

[165] Ley 2/1985, Protección Civil.

[166] STC 133/1990, de 19 de julio, frente a la Ley de Protección Civil. [http://www.boe.es/diario_boe/txt.php?id=BOE-T-1990-18327]

[167] Sos Deiak: en euskera "llamadas de emergencia". Creados por iniciativa del Sr. Ricardo Olabegoya Venturini, entonces Director General de Protección Civil del Gobierno Vasco.

[168] STC 123/1984, del 18 de diciembre.

[http://hj.tribunalconstitucional.es/HJ/es/Resolucion/Show/376]

Basándose, como fundamentos de derecho, entre otros en que:

> *"Debe reconocerse a las comunidades autónomas competencia en materia de Protección Civil, especialmente para la elaboración de los correspondientes planes de prevención de riesgos y calamidades y para la dirección de sus propios servicios en el caso de que las situaciones catastróficas o de emergencia se produzcan, y si puede considerarse que los llamados centros de coordinación operativa en el decreto 34/1983, se insertan en la órbita de la Protección Civil, entendida como acción dirigida a la prevención de riesgos y catástrofes y a la aminoración de sus consecuencias, y así entendidos, la norma que los instituye es constitucionalmente legítima y no viola el sistema de distribución de competencias establecido por la Constitución y por los Estatutos"*[169].

Aun así, pese a existir la sentencia[170], un años después, se promulga la mencionada Ley de Protección Civil, en la que no se tiene en cuenta la distribución competencial establecida en materia de Protección Civil por el Alto Tribunal, lo que genera un nuevo conflicto de competencias, en este caso a iniciativa del Gobierno Vasco.

El Tribunal Constitucional dicta nueva sentencia en la que se pronuncia en el sentido siguiente:

> *"Pese a que la expresión "Protección Civil" no figura en la Constitución, ni viene expresamente prevista en el Estatuto de Autonomía de Euskadi, no puede llegarse a la conclusión de que sea una competencia residual que por la aplicación de la cláusula del art. 149.3 ce corresponda automáticamente al estado: pues el reparto competencial al respecto puede llevarse a cabo mediante el empleo de los criterios interpretativos ordinarios.*
>
> *La materia objeto de discusión ha de englobarse, según tales criterios, con carácter prioritario en el concepto de seguridad pública del art. 149.1.29 C.E. ahora bien, la competencia estatal al respecto no es exclusiva: pues el mismo apartado reconoce esa competencia "sin perjuicio de la creación de Policía por las comunidades autónomas", y en concreto, en el art. 17 del Estatuto Vasco se afirma que corresponde a las instituciones autonómicas el régimen de la Policía autónoma para la protección de personas y bienes. Además, hay que tener en cuenta otros títulos competenciales derivados de la Constitución y los estatutos de autonomía, que habiliten a las Comunidades Autónomas para ejercer*

---

[169] STC 123/1984, del 18 de diciembre.

http://hj.tribunalconstitucional.es/HJ/es/Resolucion/Show/376

[170] *Ver* IZU, M., "El sistema de protección civil en la jurisprudencia del Tribunal Constitucional", en: *Revista española de derecho administrativo*, nº 69, Civitas. 1991, págs. 99-118.

competencias en la materia: la sentencia se refería así, a título ejemplificativo, al art. 148.1.22.

Resulta así que, sin mengua de las competencias inalienables y en este sentido exclusivas del Estado, en consecuencia, en la materia específica de Protección Civil se producen unas competencias concurrentes del Estado (en virtud de la reserva del art. 149.1.29) y de las comunidades autónomas que hayan asumido competencias en sus estatutos en virtud de habilitaciones constitucionales.

Como esta situación de concurrencia plantea una especial problemática, se hace necesario hacer explícita tal distribución competencial. La sentencia reconocía a la Comunidad Autónoma de Euskadi competencia en materia de Protección Civil, especialmente para la elaboración de los correspondientes planes de riesgos y calamidades y para la dirección de sus propios servicios en el caso de producirse situaciones catastróficas o de emergencia. Ahora bien, se decía que esta competencia vasca "queda subordinada a las superiores exigencias del interés nacional en los casos en que este pueda entrar en juego" (fundamento jurídico 4.) y se sostenía que esa subordinación competencial (que la propia comunidad autónoma entonces no discutía, como tampoco lo hace ahora) se producía en tres ocasiones:

Cuando entra en juego la ley 4/1981, de 1 de junio, que regula los estados de alarma, excepción y sitio; en los casos en que el carácter supraterritorial de la emergencia exija una coordinación de elementos humanos y materiales distintos de los que posee la Comunidad Autónoma y cuando la emergencia sea "de tal envergadura que requiera una dirección de carácter nacional (fundamento jurídico 4.). Todo ello llevaba, en aquella sentencia, a reconocer la legitimidad de la competencia de Euskadi para organizar los citados centros de coordinación operativa en cuanto insertados en la órbita de la Protección Civil.

Desde esta perspectiva, y en principio, la competencia en materia de Protección Civil dependerá de la naturaleza de la situación de emergencia y de los recursos y servicios a movilizar, ello puede suponer, de acuerdo con los términos de los respectivos estatutos, que la administración autonómica sea competente en esta materia"[171].

Por otro lado, es el propio Alto Tribunal el que manifiesta que,

"(...) la Ley ahora impugnada se contrapone frontalmente a la doctrina expuesta en aquella Sentencia"[172]

En el ámbito de las Comunidades Autónomas el primer texto con rango de Ley es la de gestión de emergencias de Euskadi[173], cuyo objeto es:

---

[171] STC 133/1990.

[172] STC sobre la Ley de Protección Civil, número 133/1990, del 19 de julio (BOE número 181. Suplemento, de 30 de julio de 1990).

[173] Ley 1/1996, de 3 de abril. Disponible en: http://www.euskadi.net/cgi-bin_k54/ver_c?CMD=VERDOC&BASE=B03A&DOCN=000002007&CONF=/config/k54/bopv_c.cnf

> *"Ordenar la actuación de las Administraciones Públicas de la Comunidad Autónoma de Euskadi dirigida a tutelar la integridad de la vida de las personas, sus bienes y el patrimonio colectivo, de daños en situaciones de emergencia derivadas tanto de situaciones de grave riesgo, catástrofe o calamidad, como de accidentes u otras análogas. (...) las Administraciones Públicas de la Comunidad Autónoma de Euskadi, en el ámbito de sus respectivas competencias, orientarán sus servicios al desarrollo de las siguientes acciones:*
>
> *a) Estudio y evaluación de las situaciones susceptibles de generar riesgos para la seguridad de personas y bienes y el patrimonio colectivo.*
>
> *b) Identificación y elaboración de mapas de zonas de peligro y evaluación del grado de vulnerabilidad.*
>
> *c) Adopción de medidas de prevención y autoprotección encaminadas a evitar o reducir la posibilidad de que se produzcan daños por los riesgos potenciales, así como a informar y sensibilizar a la población sobre los mismos.*
>
> *d) Preparación de la respuesta frente a siniestros desencadenados o previsibles mediante planes de emergencia y tácticas operativas destinadas a programar la actuación coordinada de las intervenciones de protección y socorro.*
>
> *e) Impulso, creación, mantenimiento y gestión de sistemas de alerta y transmisiones, así como de servicios de intervención y socorro.*
>
> *f) Elaboración de programas de rehabilitación y reconstrucción de las zonas afectadas por una catástrofe o calamidad, para la recuperación del tejido socioeconómico y medioambiental anteriormente existente.*
>
> *g) Elaboración y ejecución de programas de concienciación y sensibilización de los ciudadanos, empresas e instituciones de la necesidad de un aseguramiento adecuado".*

Para IZU,

> *"Tras la Constitución y los Estatutos de Autonomía, quedaba en la más absoluta indeterminación cual sería el papel, tanto de las Administraciones autonómicas recién estrenadas (cuyas competencias iban a ser amplias en campos directamente relacionados con la Protección Civil, como las Policías autonómicas y locales, la sanidad, la educación, el transporte y las comunicaciones, las obras públicas, la industria...) como de las entidades locales. Una indeterminación cuya solución iba a ser compleja dada la estructura y principios del recién establecido Estado de las autonomías que hacía descansar el reparto de competencias en el binomio Constitución-Estatutos de Autonomía, precisamente las normas que habían obviado cualquier pronunciamiento al respecto"*[174].

Por ello, no es extraño que surgiera el conflicto competencial ya descrito con anterioridad. No obstante, la mayoría de las Comunidades Autónomas

---

[174] IZU, M., "De la Protección Civil a la gestión de emergencias...", obra citada, pág. 327.

han ido aprobando en sus Parlamentos, leyes en materia de Protección Civil y Atención de Emergencias.

IZU señala que:

> *"De un modo u otro, la mayoría de las leyes autonómicas vienen señalando la necesidad de configurar un sistema de gestión de emergencias integrado, esto es: a) que sea capaz de dar respuesta inmediata a todas las situaciones de emergencia, de mayor o menor gravedad, raciman bajo la competencia de una u otra Administración Pública; b) que coordine bajo normas y mandos comunes para cada caso a los diversos servicios que deban intervenir, sean públicos o privados; c) que sea fácilmente accesible a los ciudadanos afectados mediante un centro de recepción de llamadas de auxilio"*[175].

Deben por tanto existir dos principios: Por una parte, el de integración, en el sentido de aglutinar la totalidad de la emergencia, tanto sea o no catastrófica y por lo tanto, que los planes de actuación correspondientes deben incluir ambos conceptos; por otro, un principio de gradualidad, de forma que se responda escalonadamente en función de la magnitud del incidente.

7.3.2 Nueva Ley del Sistema Nacional de Protección Civil (vigente a partir del 11 de enero de 2016)

Después de 30 años en vigor de la Ley 2/1985 sobre Protección Civil, ha sido aprobada por las Cortes Generales una nueva Ley, ahora denominada "del Sistema Nacional de Protección Civil"[176], que entrará en vigor el 11 de enero de 2016.

Lamentablemente, en este nuevo texto se ha tenido muy poco en cuenta la experiencia de la anterior Ley y los pronunciamientos del Tribunal Constitucional desde un punto de vista de distribución competencial, por lo que puede preverse una batería de conflictos de competencias ante el

[175] IZU, M., "De la Protección Civil a la gestión de emergencias...", obra citada, pág. 349.

[176] Ley 17/2015, de 9 de julio, del Sistema Nacional de Protección Civil. Boletín Oficial del Estado número 164, del 10 de julio de 2015, páginas 57409 a 57435. Disponible en: http://www.boe.es/boe/dias/2015/07/10/pdfs/BOE-A-2015-7730.pdf

Tribunal Constitucional, presentados por varias Comunidades Autónomas - no solo Euskadi y Catalunya, como suele ser habitual-, por lo que esta nueva Ley, también como la anterior, probablemente "nacerá herida".

A tenor de lo mencionado en el punto primero de la exposición de motivos de la Ley, parece estar ante un instrumento solo de carácter jurídico y una actualización de su marco en la que además, según se menciona expresamente, pretende reforzar la Ley anterior. En este sentido no hay que olvidar lo ya indicado en este texto sobre que la "*regulación predetermina el comportamiento*" (KAHNEMAN, D., 2012)[177], de forma que cualquier cambio legislativo va a producir un cambio en la manera de actuar y de prestar un determinado servicio, máxime en este proyecto que regula, precisamente un "sistema".

No obstante, en el ánimo de ser constructivos y una vez publicado el nuevo texto legal, podemos destacar algunos puntos fuertes y débiles y destacar que estamos ante una nueva oportunidad que podrá permitir un desarrollo normativo que acometa y perfeccione, algunos aspectos oscuros que la Ley parece tener.

7.3.2.1 FORTALEZAS

a) La Ley **intenta desinflar una cierta dejación,** que ha existido por parte de la Administración General del Estado (AGE) en materia de atención de emergencias, como por ejemplo, con la regulación del teléfono de urgencias 112, puesto que fue considerado un instrumento de telecomunicaciones y no una verdadera política pública de atención de emergencias e intenta recuperar un cierto liderazgo a "golpe de Ley".

[177] Ver KAHNEMAN, D., *Pensar rápido, pensar despacio*, obra citada.

b) Determina un **"Sistema Nacional de PC"** como instrumento esencial para asegurar la coordinación, la cohesión y la eficiencia. (art. 1.2) y define determinados aspectos que resultan esenciales, ya que la anterior Ley de 1985, hablaba de "grave riesgo, catástrofe y calamidad pública", sin determinar que se entendía por estos conceptos y sin abordar en caso alguna la emergencia, ni ordinaria, ni extraordinaria. Por lo contrario, el presente proyecto, define entre otros la "Emergencia de protección civil" y el de "Catástrofe" (art. 2).

c) Incluye un régimen sancionador que la anterior Ley no lo tenía. (Título VI) y establece una evaluación e inspección del Sistema para contribuir a la mejora de la calidad. (art. 26 y ss.)

d) Determina el concepto de emergencia de interés nacional. (art. 28 y ss.)

7.3.2.2 DEBILIDADES

a) La Ley recuerda textos con visión centralista, alejados de los entornos colaborativos en una materia concurrente, según ha sentenciado reiteradamente el Tribunal Constitucional178.

b) La Ley trata de manera desigual al resto de Administraciones que han venido a sustituir estas carencias durante tres décadas. Cabe citar aquí, de manera muy singular a BALLBE, sobre "la doctrina de la soberanía dual", al afirmar que:

"La doctrina de la soberanía dual no significa que la Administración federal y la estatal no puedan cooperar. Lo que pretende esta doctrina en auge, es que se respeten y se reconozcan las funciones y los podres esenciales de las administraciones estatales [en España, las Comunidades Autónomas] y que estas no queden relegadas como si fueran administraciones de segunda

[178] STC 133/1990, de 19 de julio, respecto a la Ley de Protección Civil de 1985. Disponible en: http://www.boe.es/diario_boe/txt.php?id=BOE-T-1990-18327

categoría a las que dar órdenes y aplicar una visión de la cooperación, como cooperación imperativa de la Administración considerada «superior». La doctrina de la soberanía dual pretende que el poder federal actúe con formas más respetuosas y menos coercitivas. Por tanto, podemos afirmar que es una forma de intensificación de un gobierno dual, cooperativo y competitivo a la vez en según qué cuestiones, y que no excluye la participación conjunta en instituciones nacionales"[179].

7.3.2.3 AMENAZAS

a) A la vista de la experiencia con la Ley en vigor de 1985 y las diferentes sentencias de los órganos jurisdiccionales que han ido posicionando la materia de emergencias y protección civil, especialmente el Tribunal Constitucional, se pueden producir los siguientes conflictos futuros:

- Sobre la declaración de emergencia de interés nacional. Esta declaración puede ser realizada *motu propio* por el Ministerio del Interior, incluso a instancias de una de sus Delegaciones del Gobierno.
- Sobre el papel de las Delegaciones del Gobierno: La Ley refiere en varios de sus artículos, a las competencias de las Delegaciones del Gobierno lo que genera una serie de dudas sobre el contenido que se les quiere dar y la posibilidad de retrotraernos a décadas lejanas.
- Sobre la gestión de recursos en el caso de emergencia de interés nacional. La Ley, referido a las emergencias de interés nacional, prevé (art. 30), que el Ministerio del Interior "asumirá su dirección, que corresponderá la ordenación y coordinación de las

---

179 BALLBE, M., MARTINEZ, R., Soberanía dual y constitución integradora: la reciente doctrina federal de la Corte Suprema norteamericana, Ariel Derecho, Barcelona, 2003. Aplicación al ámbito de las emergencias en ISTURITZ, J.J. Tesis doctoral "Regulación y organización de sistemas de emergencias y protección civil: diseño de un sistema asimétrico, multifuncional y multifactorial". Universidad Autónoma de Barcelona. 2013. Pgs.:28, 52, 153,154, Disponible en: http://ddd.uab.cat/record/116340?ln=es

actuaciones y la gestión de todos los recursos estatales, autonómicos y locales del ámbito territorial afectado (...)". Esta asunción de ordenación, coordinación e incluso gestión de los recursos que no le son propios, con toda seguridad va a producir conflicto de competencias, ya que tampoco la establece que será efectuada a través de sus mandos naturales, como así lo hace en otros casos en la Ley, por ejemplo, para referirse a los propios recursos de la AGE (art. 19.2).

b) Dirección operativa de emergencia de interés nacional por parte de la Unidad Militar de Emergencias. La Ley prevé (art 37.4) que "La Unidad Militar de Emergencias (UME), en caso de emergencia de interés nacional, asumirá la dirección operativa de la misma, actuando bajo la dirección del Ministerio del Interior".

Esto quiere decir que, en el caso de que una emergencia sea declarada de interés nacional por el Ministerio del Interior, bien a su propia iniciativa o a instancias de una Delegación del Gobierno, es el Ejército el encargado de dirigir la operativa de la misma, es decir, directamente las operaciones de la emergencia que se efectúe. Esto originará conflictos por los siguientes motivos:

a. Supone desconocer la realidad operativa y funcionamiento de la protección civil de los territorios del Estado.
b. Supone obviar la operativa ordinaria de los servicios que habitualmente actúan en una situación de emergencia.
c. La UME es incapaz de conocer el funcionamiento de los recursos ordinarios.
d. Supone eliminar a la UME de su papel colaborador, incomodándole y poniéndole al frente de una dirección

operativa de carácter civil en un sector acostumbrado a un funcionamiento civil de sus organizaciones.

e. Supone de facto una "militarización" de la situación de emergencia y poner al Ejército, al mando de una situación que le es ajena.

7.3.3 Competencias

Aunque parezca mentira, todavía surgen muchas dudas sobre cuál es la distribución competencial en esta materia, aunque el Tribunal Constitucional, como se ha visto se manifestó al respecto:

7.3.3.1 Administración General del Estado:

Son competencias de la Administración General del Estado en los siguientes circunstancias:

a) Cuando la emergencia sobrepase el ámbito de una Comunidad Autónoma. Por ejemplo, cuando se produce unas lluvias torrenciales que afecte a un territorio ocupado por dos o más Comunidades.

b) Cuando existe riesgo bélico, es decir, en situación de guerra.

c) Cuando exista riesgo nuclear, es decir cuando se trate de una emergencia de carácter nuclear.

d) Cuando la emergencia sea declarada de interés nacional. Esto se efectúa por el Ministro competente en materia de protección civil mediante una Orden Ministerial.

7.3.3.2 Gobierno de la Comunidad Autónoma

En base a lo regulado en su propia Ley de ámbito autonómico.

No obstante mantienen todas, las competencias de prestación del teléfono Unico de Urgencias 1-1-2.

7.3.3.3 Diputaciones, Cabildos y Consejos Insulares

Al ser organizaciones supramunicipales tienen competencias en el ámbito del plan territorial de emergencias

7.3.3.4 Ayuntamientos

En virtud de lo establecido en la Ley de Bases de régimen local, existe obligación de prestar el servicio de bomberos en todos los municipios de más de 20.000 habitantes de derecho, es decir, censados. Esta prestación puede ser efectuada *per se* o a través de otra organización convenida, como por ejemplo una mancomunidad o un consorcio.

7.4 Prestación actual

En la actualidad debemos de diferenciar:

7.4.1 Servicios de protección civil

Son organizaciones dependientes de la administración pública mediante la que se gestiona y controla la actividad en esta materia. Suele ser prestada por personas técnico remunerado y de ellos depende el plan territorial de emergencias.

Existen en las Delegaciones de Gobierno para el ejercicio de sus competencias. También en las Comunidades Autónomas.

Algunas Diputaciones, Cabildos o Consejos Insulares tienen alguna persona asignada a esta tarea.

Algunos ayuntamientos de gran población cuentan también con este tipo de servicios.

7.4.2 Agrupaciones de voluntarios:

Las agrupaciones de voluntarios de protección civil: Son organizaciones constituidas y dependientes directamente de los ayuntamientos y aglutina un conjunto de personas voluntarias que efectúan servicios en este ámbito.

8 EL SALVAMENTO MARÍTIMO[180]

8.1 **Concepción inicial**

Desde que los mares, ríos y lagos son utilizados como vías para la navegación y el transporte marítimo, existe el Salvamento Marítimo. Las tormentas y los riesgos naturales, las guerras, la falta de información cartográfica, la piratería, la falta de medios adecuados supusieron multitud de siniestros marítimos y pérdidas de vidas humanas y bienes durante muchos años.

> *"A efectos de vulnerabilidad, el buque constituye un elemento que se puede considerar como un recinto cerrado respecto a su entorno (independiente) y totalmente aislado durante la travesía (...) Por un lado el buque dispone de una estructura altamente jerarquizada en todos sus recursos humanos, muy profesional y especializada. Por otro, la actividad marítima tiene muchas autoridades (en tierra) con responsabilidad sobre el buque. Finalmente existe un factor que afecta a la vulnerabilidad del buque: la universalidad del pasaje (procedencia, costumbres, creencias, respuestas), lo que aumenta la variabilidad de situaciones posibles"*[181].

La mayoría de estos buques transportaban valiosos cargamentos, el intento de su recuperación por los propietarios tras el naufragio, supuso el comienzo del Salvamento Marítimo, que incluía vidas y bienes.

8.2 **Marco histórico:**

Hasta la publicación de las Ordenanzas Generales de la Armada Naval de 1798 no existía en España norma alguna que incluyese indicaciones relativas al salvamento de náufragos.

---

[180] Apartado realizado con el asesoramiento y apoyo del Prof. Rafael Lobeto Lobo, profesor de derecho marítimo en la Universidad San Pablo CEU. Abogado maritimista y creador del primer plan de Salvamento Marítimo en España. Actualmente es Secretario General de la Fundación Philippe Cousteau, Unión de los Océanos.

[181] MARI, R., LIBRAN, A., Seguridad pública en buques de pasaje, obra citada, pág. 94-95.

Los primeros intentos de salvamento resultaban muy ineficientes, los medios utilizados eran insuficientes, muy costosos e inapropiados y los resultados obtenidos eran negativos y con un alto coste de vidas humanas.

En 1912, el accidente del TITANIC[182], además de los defectos técnicos del buque relativos a la seguridad marítima y de una mala gestión por parte de las personas que dirigían el barco, supuso una pésima operación de Salvamento Marítimo ya que, aún a pesar de contar con insuficientes botes salvavidas (el número de botes en aquella época iba en función del tonelaje del barco y no del número de personas), los primeros que se arriaron fueron cargados por un número de personas muy inferior al de su capacidad.

Sólo una experiencia positiva, a partir de este accidente la seguridad en el transporte marítimo de pasajeros cambiaría radicalmente.

8.2.1 Convenios internacionales.

El accidente del Titanic hizo despertar a la comunidad internacional sobre la inseguridad del transporte marítimo. Dos años después del accidente, las naciones marítimas se reunieron para elaborar el primer convenio internacional sobre seguridad del transporte marítimo, con un doble objetivo:

1. Prevenir accidentes marítimos.
2. Mejorar las posibilidades de supervivencia en caso de accidente.

El resultado fue el "Convenio internacional para la seguridad de la vida humana en la mar" (SOLAS), que unos años más tarde, quedó bajo los

[182]El RMS Titanic (en inglés: Royal Mail Steamship Titanic, "Buque de vapor del Correo Real Titanic") fue el barco de pasajeros más grande y lujoso del mundo. A las 23:40 del 14 de abril de 1912, el Titanic chocó con un iceberg al sur de las costas de Terranova, y se hundió a las 2:20 de la mañana del 15 de abril. El siniestro se saldó con la muerte de 1.517 personas y se convirtió en uno de los peores desastres marítimos en tiempo de paz de la historia. Fuente: http://www.taringa.net/posts/info/11201359/Titanic-el-primer-y-ultimo-viaje.html Además en: http://www.fundaciontitanic.com

auspicios de la Organización Marítima Internacional (OMI), que desde su inicios en 1959 asumió la responsabilidad mundial de impulsar la seguridad en la navegación marítima.

La OMI también se ha ocupado de elaborar otros sistemas mundiales integrados que respondan ante cualquier emergencia marítima. Dos ejemplos de esto son:

- Convenio internacional sobre búsqueda y Salvamento Marítimo. (SAR)
- Sistema mundial de socorro y seguridad marítima. (SMSSM)

El SAR se proyectó con el objetivo de facilitar un sistema mundial para responder ante emergencias, mientras que el SMSSM se creó con el objeto de facilitarle el apoyo de unas comunicaciones eficaces, imprescindibles para su éxito. Hasta la aprobación del SAR no había ningún instrumento internacional que comprendiera las operaciones de búsqueda y salvamento, aunque en algunos países marítimos existían organismos bien organizados que se encargaban de esta labor, en otros, no había nada.

En 2002, el Comité de seguridad marítima de la Organización Marítima Internacional, promulgo el Código de protección de buques e instalaciones portuarias (The International Ship and Port Facility Security Code (ISPS Code) entre cuyos objetivos, está el de:

> *"Establecer un marco internacional para la cooperación entre Gobiernos Contratantes, los organismos gubernamentales, las administraciones locales y los sectores naviero y portuario con el fin de detectar y evaluar las amenazas para la protección marítima" (...)*[183]

[183] ORGANIZACION MARITIMA INTERNACIONAL, Código de protección de buques e instalaciones portuarias, Londres, 2003. Disponible en:

[http://www.imo.org/OurWork/Security/Instruments/Pages/ISPSCode.aspx]

8.2.2 Salvamento Marítimo en España.

En España, el sistema organizativo del Salvamento Marítimo tiene un origen similar al de otros países, basado en instituciones benéficas como las Sociedades de Salvamento de Náufragos y la Cruz Roja del Mar[184].

La Constitución Española de 1978 establece un sistema de distribución competencial entre la Administración Central y la Administración Autonómica. Las Comunidades Autónomas, en los términos que establecen la Constitución y los respectivos Estatutos de Autonomía, tienen las competencias de ejecución del Salvamento Marítimo. Existe por tanto, un sistema de competencias concurrentes en materia de Salvamento Marítimo entre la administración central, las autonomías del litoral y los Ayuntamientos costeros.

Hasta finales de la década de los 80: El servicio era prestado a través de la sección naval de la Cruz Roja Española, conocida como "Cruz Roja del Mar", implantada en todas las provincias costeras.

Implantación del Sistema de Salvamento Marítimo a partir de los siguientes hechos:

a) Primer Plan Nacional de Salvamento Marítimo y Lucha contra la Contaminación 1989 – 1993, a partir del cual se han definido el Salvamento Marítimo y la lucha contra la contaminación y sus relaciones con la Protección Civil y se han realizado acuerdos de colaboración entre todos los órganos del Estado competentes en la materia y las Comunidades Autónomas litorales.

[184] Sección naval de la Cruz Roja Española. Extinguida en 1989 con la creación de las Unidades de Voluntario de Socorros y Emergencias (UVSE). *Ver:* CRUZ ROJA ESPAÑOLA, *Revista Cruz Roja*, Madrid, Junio 1989.

b) Aprobación de la Ley 27/1992 de Puertos del Estado y de la Marina Mercante, estableciendo por primera vez en nuestro sistema positivo la protección de la vida humana en la mar y el medio ambiente marino.

c) Creación de la Sociedad Estatal de Salvamento Marítimo – SASEMAR, adscrita al Ministerio de Fomento.

d) Elaboración y aprobación del Plan Nacional de Servicios Especiales de Salvamento de la Vida Humana en la Mar y de la lucha contra la Contaminación del Medio Marino 1994 – 1997.

e) Creación del Centro de Seguridad Marítima Integral Jovellanos (mayo de 1993) como Centro Español y Europeo de referencia de formación en esta materia.

f) Dotación de Recursos Humanos y Medios Materiales a la estructura española de Salvamento Marítimo.

g) Firma por parte de España de Instrumentos Internacionales de Cooperación y Colaboración en materia de Salvamento Marítimo y lucha contra la Contaminación Marina, como el SAR´79, que entró en vigor en España en 1993.

Para SANTOS JARA,

> *"En España, estos servicios están descentralizados, con la consiguiente falta de coordinación y optimización de los siempre escasos recursos disponibles. Sus responsabilidades son: la Armada, Subsecretaria de la Marina Mercante, Instituto Social de la Marina, servicio de vigilancia aduanera, S.A.R, Guardia Civil del Mar, Cruz Roja del Mar, etc."*[185]

[185] SANTOS JARA, L., Tesis doctoral: E*l servicio de guardacostas americano «U.S. Coast Guard» y sus competencias en España*, Depositada en la Universidad de La Launa, La Laguna (Tenerife), 1995. El Dr. Luis Santos Jara, es Doctor en Náutica y profesor de la Universidad de La Laguna. Es Jefe de la Policía Canaria y ha sido Director Técnico del Consorcio de Prevención y Extinción de Incendios de Santa Cruz de Tenerife y Responsable de la Sala Operativa 1-1-2 de Canarias.

El actual Plan de Seguridad y Salvamento Marítimo 2010-2018[186] cuenta con una dotación de 1.690,5 millones de euros. En consonancia con los objetivos de la política marítima de la Unión Europea, este plan tiene una duración de ocho años, fijando su horizonte en 2018, frente a los cuatro años de los planes anteriores. Su objetivo principal es consolidar el sistema español de Salvamento Marítimo y lucha contra la contaminación marina desarrollado hasta ahora, incrementando la eficacia en la utilización de las capacidades incorporadas para robustecer el sistema de prevención y proporcionar la respuesta adecuada, convenientemente coordinada con otras administraciones y organismos, frente a cualquier tipo de incidentes marítimos dentro de los objetivos marcados por la política marítima de la Unión Europea con el horizonte 2018.

Actualmente, en España el Salvamento Marítimo es prestado principalmente por la Sociedad Estatal de Salvamento y Seguridad Marítima (SASEMAR) del Ministerio de Fomento, si bien está complementado por la Cruz Roja Española y por algunas Comunidades Autónomas en las que se presta este servicio, como es Galicia. No obstante, hay varias Comunidades Autónomas que en sus Estatutos de Autonomía tienen la competencia en materia de ejecución del Salvamento Marítimo, por ejemplo Euskadi, Catalunya y Canarias, que no la han ejercido hasta la fecha.

Para ejercer esta labor, SASEMAR coordina, desde sus 21 Centros de Coordinación de Salvamento repartidos por toda la costa, los medios humanos y materiales propios, o pertenecientes a otras instituciones y organismos colaboradores regionales, locales o internacionales.

---

[186] Disponible en:

http://www.salvamentomaritimo.es/wp-content/files_flutter/1320770125PlanNacionalSeguridad-Salvamento-Maritimo2010_2018.pdf

Se mantiene por tanto, una incongruencia y "divorcio" entre la Protección Civil y la atención de emergencias en tierra, con aquellas que pueden acaecer en el mar, es decir, las emergencias marítimas, de hecho, aunque muchas de las Comunidades Autónomas (CCAA) tienen recogidas en sus Estatutos la competencia ejecutiva en materia de Salvamento Marítimo, todavía no la han ejercido.

En este sentido, para OCHOA:

> *"Esta situación solo se explica por la inercia legislativa y supone una disfuncional autonomía que debiera ser reconducida (...). Si el modus operandi en materia de Salvamento Marítimo y de Protección Civil es el mismo –como no puede ser de otra forma- y si las competencias o funciones de las Comunidades Autónomas pueden ser básicamente las mismas, no tiene sentido mantener una dualidad de respuestas en situaciones de riesgo en donde no se justifica, más allá de la propia regulación presente, ninguna diferencia sustancial de regímenes"*[187].

8.3 **Regulación del Salvamento Marítimo.**

La atención a las emergencias marítimas, responden a la Ley 27/1992, de 24 de noviembre, de Puertos del Estado y de la Marina Mercante, la cual mantiene la materia de seguridad y Salvamento Marítimo, dentro de la política de marina mercante y bajo la competencia de la Administración General del Estado, actualmente, a través del Ministerio de Fomento.

Existe por tanto, una incongruencia y "divorcio" entre la Protección Civil y la Atención de Emergencias en tierra, con aquellas que pueden acaecer en el mar, es decir, las emergencias marítimas, de hecho, aunque muchas de las Comunidades Autónomas (CCAA) tienen recogidas en sus Estatutos la competencia ejecutiva en materia de Salvamento Marítimo, no la han ejercido.

[187] OCHOA, J., "La inoperancia (e inexistencia) del sistema estatal y autonómico de Protección Civil ante la catástrofe del Prestige", en ALVAREZ, S., *La responsabilidad por los daños causados por el hundimiento del Prestige*, Iustel, Madrid, 2007, pág. 329. Josep Ochoa Monzó, es profesor de Derecho Administrativo de la Universidad de Alicante.

Probablemente, esta falta de ejecución por parte de las Comunidades Autónomas, viene del recuerdo de la que se produjo con objeto de la Protección Civil, que como se recordara fue vía Tribunal Constitucional y en caso alguno supuso trasferencia de personas, recursos materiales, ni financiación.

No obstante, periódicamente en reuniones bilaterales entre diversas Comunidades Autónomas y el Estado, las primeras reivindican que los recursos de la Sociedad Estatal de Salvamento sean trasferidos, pero existe una absoluta cerrazón, por parte de la Administración General del Estado a esta trasferencia, argumentado razones de cobertura de aguas internacionales, lo que sería perfectamente factible mediante convenio, aplicando la teoría de "soberanía dual"[188], de BALLBE.

Por otra parte, para OCHOA:

> *"Esta situación solo se explica por la inercia legislativa y supone una disfuncional autonomía que debiera ser reconducida (...). Si el modus operandi en materia de Salvamento Marítimo y de Protección Civil es el mismo –como no puede ser de otra forma- y si las competencias o funciones de las Comunidades Autónomas pueden ser básicamente las mismas, no tiene sentido mantener una dualidad de respuestas en situaciones de riesgo en donde no se justifica, más allá de la propia regulación presente, ninguna diferencia sustancial de regímenes"*[189].

El Tribunal Constitucional ya se pronunció[190], en el sentido de considerar competentes a las CCAA en materia ejecutiva de Salvamento Marítimo, pero son muy escasas las acciones que se realizan en este sentido, estando

[188] Ver apartado 2.1.1.a) de este manual. BALLBE, M., MARTINEZ, R., *Soberanía dual y constitución integradora...*", obra citada, pág. 183.

[189] OCHOA, J., "La inoperancia (e inexistencia) del sistema estatal y autonómico de Protección Civil ante la catástrofe del Prestige", obra citada

Josep Ochoa Monzó, es profesor de Derecho Administrativo de la Universidad de Alicante.

[190] STC 40/98, de 19 de febrero de 1998. Recursos de inconstitucionalidad 522/93, 525/93, 548/93 y 551/93. En relación con determinados preceptos de la Ley 27/92, de 24 de noviembre, de Puertos del Estado y de la Marina Mercante. Disponible en: http://www.boe.es/boe/dias/1998/03/17/pdfs/T00049-00096.pdf

limitadas a la recepción de llamadas de emergencia originadas por embarcaciones ubicadas en la costa, a través del teléfono único de urgencias 1-1-2, o de actuaciones fundamentalmente con helicópteros de Atención de Emergencias en tierra con cierto equipamiento para el mar.

El grueso de la actuación del Salvamento Marítimo todavía es ejercido por la Administración General del Estado, a través de la Sociedad Estatal de Salvamento y Seguridad Marítima (SASEMAR), con lo que este doctorando entiende es una clara "invasión de competencias del Estado hacia las Comunidades Autónomas", cuando esa actúa a menos de doce millas de la costa, zona marítima de competencia autonómica.

En este apartado, especial relevancia tiene la atención a las emergencias en las playas y aguas interiores, entornos en los que existe gran confusión y ambigüedad.

8.4 Vigilancia y salvamento en playas

Con el fin de dimensionar el riesgo y la morbimortalidad destacamos el caso de Canarias ya que tiene 1500 kilómetros de costa y es un entorno eminentemente turístico [191]. Cabe destacar el estudio de QUINTANA (2017) en el que afirma referido a Canarias[192],

"Canarias cierra 2016 con 72 bañistas ahogados, un 16% más que en 2015.

La cifra de muertes por inmersión equivale a una media mensual de 6 personas, situando a Canarias entre las dos CCAA con mayor número de óbitos

[191] Canarias recibió 14 millones de turistas en 2016 para una población de derecho de 2,2 millones de baitantes.

[192] QUINTANA, S., *Canarias 1500 kilómetros de costa.*2014. Europapress. 2017. Disponible en: http://www.europapress.es/islas-canarias/noticia-canarias-cierra-ano-72-banistas-ahogados-16-mas-20170101132914.html.

Canarias registró un total de 154 incidencias en medio acuático, una cada dos días a lo largo de 2016, con 46 graves por semi ahogamiento, 28 rescates y 9 accidentes acuáticos

Perfil del accidentado: Varón adulto 35-65 años, usuario de playa y de origen extranjero".

> *En las playas conviene tener en cuenta dos conceptos para tomar en consideración la competencia municipal. Por un lado, lo que se denomina "lámina de agua" es decir el espacio que separa la tierra con el mar; y por otro, la superficie cubierta entre los dos puntos más alejados de la costa que circunscriben la playa.*

En este sentido, respecto al ocio, el Código Ético Mundial para el Turismo proclama,

> *"Las autoridades públicas tienen la misión de asegurar la protección de los turistas y visitantes y de sus bienes. En este sentido, prestarán especial atención a la seguridad de los turistas extranjeros, por su particular vulnerabilidad. Con este fin, facilitaran el establecimiento de medios de información, protección, seguro y asistencia específicos que correspondan a sus necesidades"* [193].

En esta línea se pronuncia también la Comisión Europea, estableciendo como recomendación para la calidad del turismo costero la mejora de la seguridad en los siguientes términos:

> *"La mejora real y subjetiva de la seguridad de un destino contribuye a su imagen y poder de atracción turística. Su percepción se reforzará mediante acciones preventivas..."* [194].

Para MONTERO (2004),

> *Así pues la playa, quizás como uno de los paradigmas del ocio en nuestra sociedad, es merecedora de estrategias de seguridad que protejan la integridad de los que las visitan, mediante el desarrollo de dispositivos de prevención e intervención que garanticen un ocio y tiempo libre exento de riesgos en la mayor medida posible. Pero en éste sentido resulta paradójico que en España, con una fuerte vinculación y dependencia social y económica del uso de las playas, la legislación que regula su seguridad date de 1972*[195]*, limitándose a*

---

[193] Artículo 1.4 del Código Ético Mundial para el Turismo. Resolución adoptada por la Asamblea General de las Naciones Unidas, 21 de diciembre de 2001. A/RES/56/212.

[194] Dirección General de Empresa, Unidad Turismo. Por un turismo Costero de Calidad. Gestión Integrada de la Calidad de los destinos turísticos costeros. Comisión Europea; 2000

[195] Orden de 31 de julio de 1972 por la que se dictan normas e instrucciones para la seguridad humana en los lugares de baño, aprobada por la Presidencia del Gobierno el 31 de junio de

formular de forma muy general e inespecífica la necesidad de contar con socorristas marítimos (sic) y determinados tipos de materiales, sin entrar en consideraciones organizativas ni de cualquier otro tipo sobre seguridad y protección; comparativamente resulta aún más paradójico que otros aspectos de la seguridad acuática, como el uso de las piscinas y los parques acuáticos (de competencia autonómica), cuenten en nuestro país con un amplio y desarrollado marco normativo, de forma que hasta se regula el número OBLIGATORIO de socorristas por cantidad de usuarios o de superficie de lámina de agua y la necesidad de planes de emergencias, en contraposición a la normativa de servicios de salvamento en playas que permite una total discrecionalidad en la dotación y desarrollo de recursos humanos, materiales y organizativos"[196].

Competencias

La Ley 22/1988, de 28 de julio, de Costas, establece en el artículo 110.i) que,

"La elaboración y aprobación de las disposiciones sobre seguridad humana en lugares de baño corresponde a la Administración del Estado"[197].

Asimismo el artículo 115 de la referida Ley dispone que,

"las competencias municipales, en los términos previstos por la legislación que dicten las Comunidades Autónomas, podrán abarcar entre otros extremos, el mantener las playas y lugares públicos de baño en las debidas condiciones de limpieza, higiene y salubridad, así como vigilar la observancia de las normas e instrucciones dictadas por la Administración del Estado sobre salvamento y seguridad de las vidas humanas"[198],

Norma base sobre playas

El tipo de playas, señalización, colores de las banderas, u utilización, servicios de auxilio, etc. está regulado por la Administración General del Estado en las "Normas para la señalización, los servicios de vigilancia y de auxilio y salvamento", que dispone entre otros aspectos:

1972. Disponible en: http://www.salvacant.com/area%20profesional/5%20normas%20zonas%20de%20bano%20ORDEN%20de%2031%20de%20julio%20de%201972.pdf

[196] MONTERO, E., Gestión de riesgos en playas, Mimeo, Barcelona. 2004.

[197] Declarada constitucional por Sentencia del Tribunal Constitucional 149/1991, 4 julio («B.O.E.» 29 julio), si se interpreta en el sentido fijado en su fundamento jurídico 7 A i).

[198] Declarado constitucional por Sentencia del Tribunal Constitucional 149/1991, 4 julio («B.O.E.» 29 julio), si se interpreta en el sentido fijado en su fundamento jurídico 7 C).

"(...) corresponde a los Ayuntamientos vigilar la observancia en los lugares de baño de las normas generales e instrucciones sobre el mantenimiento del material de salvamento y demás medidas de seguridad para las vidas humanas. (...)"[199]

Existe alguna regulación en algunas Comunidades Autónomas, entre ellas cabe citar la de las islas Baleares[200] *o la de Canarias*[201].

Conviene también tener también en cuenta la "Guía de interpretación de los criterios bandera azul para playas"[202] recoge lo referente a la marca de calidad y los requisitos imperativos de un servicio de primeros auxilios y de vigilancia y socorrismo.

[199] Artículo 11 de la Orden Ministerial de 31 de julio de 1972, de Normas para la señalización, los servicios de vigilancia y de auxilio y salvamento.

[200] Decreto 2/2005, de 14 de enero, regulador de las medidas mínimas de seguridad y protección que han de cumplir las playas y zonas de baño de la Comunidad Autónoma de las Illes Balears. BOIB, nº 8 (14/01/2005).

[201] Decreto 98/2003, de 21 de mayo, regulador de las medidas mínimas de seguridad y protección que han de cumplir las playas de la Comunidad Autónoma de Canarias. BOC nº 112 (21/05/2003). Se ha considerado como referencia válida por sus contenidos, a pesar de estar suspendida su entrada en vigor mediante el Decreto 289/2003 de 9 de diciembre, sin detrimento de futuras modificaciones o enmiendas

[202] "Fundación para la Educación Ambiental (FEE), Guía de interpretación de los criterios bandera azul para playas, 2015. Disponible en:

http://www.adeac.es/sites/default/files/archivos/Guia%20de%20interpretacion%20playas%2020 15_0.pdf

9 LA UNIDAD MILITAR DE EMERGENCIAS

9.1 Concepción inicial

La Unidad Militar de Emergencias[203], también conocida como UME, es una organización militar encargada de la atención en situaciones de emergencia extraordinaria.

9.2 Marco histórico

9.2.1 La Protección Civil y las estructuras militares.

Para PIDOT, como se ha visto[204], existe una importante relación entre los desastres naturales y los conflictos bélicos, hasta tal punto que considera que en este símil, la naturaleza es el agresor y las víctimas, las personas.

La realidad es que la Protección Civil y los Ejércitos han estado muy relacionados dado que en ambos casos, tienen la necesidad de atender a numerosas personas, y por tanto, la estructura ha tendido a ser la misma.

De hecho, la relación entre la Protección Civil y los servicios de Atención de Emergencias[205] con las estructuras militares[206], siempre fue bastante estrecha. En España, antiguamente se denominada "defensa civil" y ha estado formada por un grupo de personas de carácter civil, pero bajo un mando militar. La Cruz Roja Española también tuvo una organización

---

[203] Ver: http://www.ume.mde.es/

[204] *Ver* PIDOT, J., "Deconstructing disaster", obra citada

[205] *Ver* VIDAL, R., "Pasado, presente y futuro de la Protección Civil española", en: *Seguridad pública y protección civil*, Belt, Madrid, 2012. Disponible en: http://www.belt.es/expertos/HOME2_experto.asp?id=6343

El Dr. Rafael Vidal Delgado, es Doctor en Historia por la Universidad de Granada. Coronel de Artillería. Diplomado de Estado Mayor. Diplomado y profesor del Master Ejecutivo en Dirección de Seguridad Global. Diplomado y profesor principal del Master Ejecutivo en Dirección de Sistemas de Emergencia. Asesor de Planificación Estratégica de Belt Ibérica, S.A

[206] *Ver* VIDAL, R., "Fuerzas armadas y protección civil", en: *Seguridad pública y protección civil*, Belt, Madrid, 2007. Disponible en: http://www.belt.es/expertos/HOME2_experto.asp?id=3858

pseudomilitar y los servicios de socorros y emergencias de esta organización estuvieron, hasta 1988, bajo mandos militares.

La Protección Civil, de ser una estructura de mando centralizado, fue "de facto" descentralizándose, de forma que la Administración General del Estado se quedó, como Cuerpos intervinientes operativos a nivel nacional con, la Guardia Civil, el Cuerpo Nacional de Policía y los Ejércitos.

Varios hechos habían dejado a la Administración General del Estado en una absoluta "soledad" a la hora de responder a una emergencia. A saber:

- Los servicios de Emergencias Médicas habían sido trasferidos a todas la Comunidades Autónomas con las trasferencias del Insalud.
- Los servicios de Bomberos están bajo la estructura de las administraciones locales, o en algún caso como Catalunya en la Autonómica. Además, sin un Estatuto de los servicios de Bomberos que, aun estando previsto en la Ley de Bases de Régimen local, no se ha desarrollado hasta la fecha.
- En materia de acceso al sistema de seguridad y coordinación:
    - La eliminación paulatina de los teléfonos de emergencia 006, como consecuencia de las Sentencias del Tribunal Constitucional sobre la Ley de Protección Civil que habían sido instalados por la Administración General del Estado en los entonces Gobiernos Civiles,
    - La creación en 1988, de los teléfonos únicos de urgencia 1-1-2, dejando su gestión a las Comunidades Autónomas.
- La ausencia de un Centro Estatal de coordinación o respuesta a situaciones de emergencia, con la suficiente tecnología y sobre todo, liderazgo.

- Cierta "recesión mental" y falta de liderazgo por parte de las estructuras del Estado en materia de Protección Civil, habiendo hecho lo que podríamos llamar una "dejación" de sus funciones, lo que fue hábilmente aprovechado por algunas Comunidades Autónomas.

Todo ello, fue generando durante los primeros años del 2000, una importantísima falta de capacidad de respuesta del Estado frente a una emergencia importante, siendo incapaz de apoyar a las Comunidades Autónomas en sus competencias. Esto supuso su absoluta "soledad" por su escasa capacidad de respuesta a las emergencias. Soledad, ganada durante años, por una falta de visión estratégica sobre la evolución del sector, con una visión centralista, con reminiscencias del pasado[207] y al no haber liderado un verdadero cambio en la gestión de emergencias y Protección Civil.

A finales de 2004, 3000 vehículos quedaron atrapados en las carreteras del el norte de España por una gran nevada, lo que supuso una queja hacia los servicios de emergencia. A mediados de 2005, ocurrió un importante incendio forestal en Guadalajara [208] . En ambas situaciones, la Administración General del Estado no pudo responder con eficacia, por lo que el Presidente del Gobierno[209], procedió a crear la Unidad Militar de Emergencias (UME), como estructura eficaz de choque, y así también, mejorar las relaciones e integrar más al Ejército en la sociedad.

[207] Prueba de ello es la persistencia en crear estructuras centralistas, sin participación de las Comunidades Autónomas, en contra como se ha visto, del criterio del Tribunal Constitucional. Esta circunstancia, continuó dándose con la creación de la UME, que se verá en el apartado siguiente También, con la insistencia en la ejecución del Salvamento Marítimo desde una estructura central, y la falta de liderazgo por parte del Estado en materia de Protección Civil.

[208] Ocurrió el 17 de julio de 2005, con un balance de once muertos, tres desaparecidos, 600 evacuados y más de 4.500 hectáreas devastadas.

[209] Ver http://elpais.com/diario/2007/09/14/espana/1189720817_850215.html

9.2.2 Nacimiento de la UME.

El nacimiento de la UME por acuerdo del Consejo de Ministros, de 7 de octubre de 2005, surgió con un importante rechazo del sector[210] y con polémica[211], principalmente por los siguientes motivos:

- Falta de consenso con las Comunidades Autónomas en su creación.
- Parecía una nueva "militarización" de la Protección Civil.
- Las Comunidades Autónomas la consideraron como una invasión de competencias.
- No respondía a una política general de Protección Civil, sino que parecía responder más bien a una apuesta unilateral del Estado.
- La Administración General del Estado (AGE), continuaba sin liderazgo en el sector.

9.3 Regulación

Se define como:

> *"La UME es una fuerza conjunta que tiene como misión la intervención en cualquier lugar del territorio nacional, para contribuir a la seguridad y bienestar de los ciudadanos en los supuestos de grave riesgo, catástrofe, calamidad u otras necesidades públicas"*[212].

---

[210] *Ver* TOVAR, J., "La UME, su protocolo de intervención y los cambios que vendrán", en: *Emergencia 112,* nº 89, Asociación Profesional de Técnicos de Bomberos, Leioa (Bizkaia) ,2011. Disponible en: http://www.jaimetovar.com/gdp/?p=3411

Jaime Tovar Jover, actualmente es Responsable del Gabinete Técnico de Planificación y Calidad de la Policía Local del Ayuntamiento de Calvià (Illes Balears), aunque durante muchos años ha sido un destacado consultor en seguridad pública.

[211] *Ver La Razón,* 1 de julio de 2013. Declaraciones del Jefe de la UME: "La UME nació con una polémica que se ha salvado con la eficacia. ...una unidad «singular», pero «una unidad militar»,... Sus cometidos han variado y sus enemigos son el fuego o las riadas". Disponible en: http://www.larazon.es/detalle_normal/noticias/2855806/la-ume-nacio-con-una-polemica-que-se-ha-salva#.Ugs1EtI9-5I

[212] Artículo 1, de la Orden DEF/1766/2007, de 13 de junio, por la que se desarrolla el encuadramiento, organización y funcionamiento de la Unidad Militar de Emergencias.

La Unidad Militar de Emergencias, es una organización dependiente del Ministerio de Defensa, que se encarga de dar apoyo a la sociedad civil, entre otros, en casos de grave riesgo, catástrofe o calamidad pública.

> *"La Unidad Militar de Emergencias (UME) es una fuerza conjunta, organizada con carácter permanente, que tiene como misión la intervención en cualquier lugar del territorio nacional, para contribuir a la seguridad y bienestar de los ciudadanos, junto con las instituciones del Estado y las Administraciones Públicas, en los supuestos de grave riesgo, catástrofe, calamidad u otras necesidades públicas, conforme a lo establecido en la Ley Orgánica 5/2005, de 17 de noviembre, de la Defensa Nacional y el resto de la legislación vigente*[213].
>
> *Las actuaciones operativas a desempeñar por la UME se centrarán fundamentalmente en la adopción de medidas encaminadas a salvaguardar, proteger o socorrer la vida e integridad de las personas y de sus bienes, el medio ambiente, los espacios naturales y sus recursos y el patrimonio histórico-artístico. Las actuaciones operativas de la UME se concretan en la planificación, el adiestramiento y la intervención. Sólo realizará las labores de prevención que sean necesarias para hacer frente a una emergencia declarada"*[214].

Nace para mejorar la respuesta del Estado a las emergencias y es en 2006, cuando el Real Decreto 416/2006, de 11 de abril[215], establece la organización y el despliegue de la Fuerza del Ejército de Tierra, de la Armada y del Ejército del Aire, así como, de la Unidad Militar de Emergencias.

Su primer Jefe, fue el Teniente General, Don Fulgencio Coll Boucher, quien tuvo la habilidad de integrar a la UME con las Comunidades Autónomas, seleccionar a sus mandos originales y actuar en coordinación con ellas.

Posteriormente, el Real Decreto 399/2007, de 23 de marzo[216], aprueba el protocolo de intervención de la Unidad Militar de Emergencias (UME).

---

213 Fuente: Ministerio de Defensa. Unidad Militar de Emergencias. [http://www.ume.mde.es]

214 Apartado 2, del protocolo. Disponible en: http://noticias.juridicas.com/base_datos/Admin/rd1097-2011.html

215 Disponible en: http://noticias.juridicas.com/base_datos/Admin/rd416-2006.html

216 Disponible en: http://noticias.juridicas.com/base_datos/Admin/rd399-2007.html

Este Real Decreto, estuvo vigente hasta el 04 de Noviembre de 2008, ya que fue recurrido por el Gobierno Vasco, alegando, entre otros motivos, invasión de las competencias autonómicas en materia de Protección Civil y Seguridad.

El Tribunal Supremo, anuló el mencionado Real Decreto mediante sentencia[217] considerando que la parte recurrente alega infracciones de forma y de fondo, inicia el análisis de las razones de forma, porque en caso de estimarse el recurso "sería innecesario el análisis de las cuestiones de fondo". Así lo hace, ya que el recurso se estima por haberse omitido los informes de la Comisión Nacional de Protección Civil y del Consejo de Estado.

Tras la anulación del protocolo, se aprobó en 2011, uno nuevo mediante el Real Decreto 1097/2011, de 22 de julio[218], por el que se aprueba el Protocolo de Intervención de la Unidad Militar de Emergencias[219].

Más de veinte años después, se vuelve a caer en el mismo defecto que cuando se promulgo la Ley de Protección Civil, en 1985. De hecho, la modificación fundamental de este nuevo texto del protocolo radica en el ámbito competencial con las Comunidades Autónomas, concretamente con la inserción de este párrafo:

---

[217] Sentencia del Tribunal Supremo de 4 de noviembre de 2008. [http://www.legaltoday.com/informacion-juridica/jurisprudencia/contencioso-administrativo/sentencia-del-tribunal-supremo-sala-de-locontencioso-administrativo-de-4-noviembre-2008]

[218] Disponible en: http://noticias.juridicas.com/base_datos/Admin/rd1097-2011.html

[219] *Ver* SEDANO, A., "Consideraciones sobre el Protocolo de Intervención de la Unidad Militar de Emergencias aprobado mediante Real Decreto 1097/2011, de 22 de julio", en: *Diario La Ley*, nº 7716, Sección Doctrina, Editorial La Ley, Madrid, 2011.

SEDANO, A., "La Unidad Militar de Emergencias y la Protección Civil en el Estado de las Autonomías", en: *Revista general de derecho constitucional*, nº 11, Madrid, 2011, pág. 6.

"La UME deberá ajustar su actuación a lo establecido en la legislación vigente en materia de Protección Civil, y especialmente en lo relativo a la distribución de competencias entre el Estado y las Comunidades Autónomas"[220].

9.4 **Prestación actual**

La UME, como se ha indicado, aunque depende del Ministro de Defensa, por delegación del Presidente del Gobierno, ordenará la intervención, a propuesta del Ministro del Interior, actuando bajo la dirección de sus mandos naturales.

La UME cuenta con un total, 3.987 Cuadros de Mando y personal de Tropa y Marinería, con gran formación específica para el cumplimiento de su misión [221] , desplegados en todo el Estado y con un total de 50 intervenciones al año.

Está desplegada en todo el territorio nacional e interviene en las principales emergencias.

Actualmente, puede decirse que la UME ha sabido buscar su lugar, intervenir de manera discreta (aunque los medios de comunicación no le dejan mucho), y eficaz. Además, sus mandos han sabido integrarse adecuadamente en el sector de las emergencias y no buscan un protagonismo exacerbado. En definitiva, es eficaz, dinámica y con una adecuada impronta organizacional.

No parece razonable que se actúe enviando unas fuerzas a modo de "paracaidistas" mediante una estrategia de caída[222], obviando las fuerzas locales que actúan todos los días, como si estas no existiesen.

---

[220] Apartado 4.4 del Real Decreto 1097/2011, de 22 de julio, por el que se aprueba el Protocolo de Intervención de la Unidad Militar de Emergencias.

[221] Fuente: Ministerio de Defensa. Unidad Militar de Emergencias. [http://www.ume.mde.es]

[222] Ver OSTROM, E., Governing the Commons: The Evolution of Institutions for Collective Action, Cambridge University Press, Cambridge.1990.

Dicho esto, cabe resaltar la acción y el esfuerzo concreto eficaz que se ha venido evidenciando en las actuaciones de la UME, pero esto no quita que se pueda ser crítico con el concepto y sobre todo, con la forma de su implantación, olvidando como se ha dicho, otras políticas públicas en materia de Protección Civil.

10 EL VOLUNTARIADO

Hasta finales de la década de los 90, el voluntariado tenía mucho protagonismo en materia de Atención de Emergencias, principalmente en la Cruz Roja y en alguna otra organización no gubernamental. Actualmente, esta acción voluntaria está más centrada al campo de la Protección Civil, mientras que el transporte sanitario urgente se ha "remuneralizado"[223].

10.1 <u>Colectivos</u>

En el ámbito del voluntariado[224] en materia de Atención de Emergencias podemos diferenciar los siguientes colectivos:

10.1.1 Asociaciones de voluntarios de Protección Civil.

Son organizaciones sin ánimo de lucro, reguladas por la Ley de Asociaciones, y que en general, sus fines están relacionados con la prevención y protección en el ámbito de la Protección Civil, servicios de extinción de incendios y atención sanitaria urgente. Normalmente, cuentan con un ámbito supramunicipal y la primera de la que se tiene constancia, surge en Gipuzkoa a comienzos del año 1981[225], antes que la propia Ley de Protección Civil.

10.1.2 Agrupaciones de voluntarios de Protección Civil.

Son organizaciones de ámbito local, cuyos Estatutos son aprobados por la corporación municipal correspondiente y su personal procede, bien

[223] Acción de remunerar (pagar) los servicios profesionales, con independencia de su capacitación. Este concepto pretende aclarar que el concepto profesional, incluye tanto al voluntario capacitado, como a aquel otro personal que recibe una remuneración.

[224] *Ver* MORO, M., "El voluntariado y el servicio público de protección civil", en: *El Consultor de los Ayuntamientos y de los Juzgados*, nº 11, Sección Colaboraciones, Ref. 1629/1998, tomo 1, Editorial El Consultor de los Ayuntamientos y de los Juzgados. Madrid, 1998, pág. 1629.

[225] Asociación de Voluntarios de Protección Civil de Gipuzkoa, constituida en febrero de 1981, en el Gobierno Civil de Gipuzkoa y fundada, entre otros, por el autor de este texto.

del propio ayuntamiento o bien personal voluntario externo, sin vinculación laboral con el mismo. Sus funciones son las de prestar servicios en estas materias bajo el mando del Alcalde correspondiente.

10.1.3 Voluntarios de la Red de Emergencias de Protección Civil (REMER)[226].

La Red Radio de Emergencia, como Red complementaria de la Red Radio de Mando de la Dirección General de Protección Civil y Emergencias, es la organización estructurada en el ámbito territorial nacional, constituida por la radioafición española que presta su colaboración a los servicios oficiales de Protección Civil al ser requerida para ello, cuando circunstancias excepcionales lo justifiquen, vinculándose voluntariamente y de modo altruista a la Dirección General de Protección Civil y Emergencias, una vez seguidos los trámites establecidos por la misma.

Especial relevancia tienen tanto la Cruz Roja, como la Asociación de Ayuda en Carretera ya que son organizaciones no gubernamentales que han destacado por ser grandes impulsoras de la asistencia y el transporte sanitario, principalmente en la atención a accidentes de tráfico[227], hasta que a partir de 1990, el sector público fue asumiendo progresivamente este papel. Sus actividades son realizadas principalmente por voluntarios, aunque existe una mínima estructura de personal remunerado.

---

[226] *Ver* Dirección General de Protección Civil del Ministerio del Interior. http://www.proteccioncivil.org/remer

[227] Téngase en cuenta que durante comienzos de los años 80, fecha en las que comenzaron a desarrollarse ambas organizaciones en el ámbito de la atención sanitaria urgente, la mayoría de los pacientes que ingresaban en un hospital, habían sido trasladados en un vehículo particular que iba haciendo sonar la bocina insistentemente y exhibiendo un pañuelo blanco por una ventanilla en señal de urgencia. Esta figura hoy día prácticamente ha desaparecido de nuestras calles, al existir un adecuado sistema de respuesta a las Emergencias Médicas.

10.2 **Prestación**

En la actualidad, el desarrollo de los voluntarios de Atención de Emergencias se centra fundamentalmente al amparo de las agrupaciones municipales. No obstante, existe alguna organización pública en la que participan también voluntarios, como son de manera destacada el SAMUR de Madrid y los servicios de Bomberos de algunas Comunidades Autónomas o Provincias.

En el futuro próximo se estima que florecerán servicios de este tipo, mixtos remunerado-voluntario, donde manteniendo el concepto de "profesional", entendido este como persona capacitada para realizar una función, unos se diferencien de otros, exclusivamente por el tipo de remuneración que reciben.

En este sentido, en otros países europeos ya existe la figura del "bombero a tiempo parcial" [228], como profesional que se encuentra localizado y simultanea sus funciones con otras actividades, incluso públicas.

Históricamente, la intervención del voluntariado en servicios de Atención de Emergencias ha sido muy destacada, principalmente en el ámbito del transporte sanitario (Cruz Roja y Asociación de Ayuda en carretera), de los Bomberos (Bomberos voluntarios), en el de la Protección Civil (agrupaciones de voluntarios de Protección Civil), salvamento en playas (Cruz Roja del Mar) y también existen otras de ámbito general, como GIOR's, AEA, etc.

---

[228] ECHEVERRIA, F., *Modelos de gestión de servicios de emergencia,* Trabajo de Master depositado en la Universidad Pública de Navarra, Pamplona, 2012, pág. 44. Disponible en: http://academica-e.unavarra.es/bitstream/handle/2454/5803/TFM_Echeverría%20Iriarte,%20Francisco%20Javier.pdf?sequence=1

El Sr. Francisco Etxeberria Iriarte, es un experto en sistemas de emergencias y fue Gerente de la Agencia Gallega de Emergencias y ha desarrollado varios trabajos sobre bomberos a tiempo parcial para la Asociación profesional de técnicos de bomberos.

No obstante, en los últimos años ha habido una bajada muy significativa en el voluntariado, en cuanto a la cantidad de personas que ofrecen sus servicios de manera altruista, principalmente debido a:

a) Exigencia de la población a una cobertura de servicios las veinticuatro horas del día (24 x 7)[229].
b) Falta de incentivo por parte de la administración para la promoción de este personal cuando concurre a puestos de empleo público similares.
c) Insuficiente reconocimiento social.
d) Ausencia de incentivo fiscal.
e) Desprotección, jurídica y escasa cobertura aseguradora.
f) Oposición por parte de las organizaciones sindicales.
g) Escasa formación.

10.3 **Características del voluntariado**

Las características que han de definir el voluntariado de atención de emergencias son las siguientes:

a) Sus funciones ha de estar claramente identificadas y en caso alguno supondrán ejercicio de autoridad.
b) Su actuación debe ser complementaria a los servicios remunerados, y en caso alguno sustitutivos de éstos.
c) Su capacitación debe ser semejante a la del personal remunerado, de forma que su profesionalidad sea también semejante.

[229] Denominación utilizada en el sector de atención de emergencias para indicar que se trata de un servicio permanente durante todas las horas de todos los días del año, incluido festivos.

d) Su responsabilidad estará limitada ya que actuarán como complemento de los servicios remunerados.

e) Su actuación ha de estar perfectamente protocolizada, bajo la supervisión de un mando con responsabilidad suficiente.

f) Deberá disponer de una cobertura de responsabilidad civil.

g) Su organización estará regulada y actuará bajo un marco organizacional claro.

Dicho lo anterior, probablemente la situación de depresión económica actual, pero también la de "recesión mental"[230] existente actualmente, está haciendo repensar muchos de los tipos de servicios que actualmente se prestan con personal remunerado y su insostenibilidad.

10.4 La Cruz Roja.

El papel de la Cruz Roja Española en la evolución de los servicios de Atención de Emergencias en España ha sido crucial.

---

[230] BALLBE, M., Entrevista en "Diario negocio" [en línea], 29 de abril, 2011.

"Se trata de la depresión mental que tenemos y que nos impide superar nuestra depresión económica. Un Premio Nobel de Economía, que además de economista es psicólogo, Daniel Kahneman, destaca que hay muchas cosas de la crisis económica que no tienen nada que ver con las cifras macro, como el paro. El desempleo en España se debe a que está desapareciendo una clase emprendedora y cada vez cobra más fuerza una élite destructiva, sobre todo la gente con muy buenos sueldos en la prensa, en la política..., pero el emprendedor sigue en España (los inmigrantes son muy buenos en este campo) y mientras no volvamos a oír a la clase creativa con esperanza, con ilusión y con espíritu emprendedor seguiremos en esta recesión mental. Sólo se puede ser winner (ganador) sin ser whiner (quejica). Y la élite está más quejica que ganadora".

Disponible en:

http://www.uab.cat/servlet/BlobServer?blobtable=Document&blobcol=urldocument&blobheader=application/pdf&blobkey=id&blobwhere=1345646865480&blobnocache=true [consultado 16/3/2012]

La Cruz Roja, *"(...) es una Institución Internacional con más de 145 años de antigüedad y está implantada en más de 175 países desarrollando múltiples actividades destinadas a paliar el mal ajeno, tanto en la guerra como en la paz"*[231].

Es una "*organización de guerra, ahora al servicio de la paz*"[232], "multinacional del socorro"[233], que a principios de los 80, completó la red de Puestos de Primeros Auxilios en las carreteras españolas, que había iniciado su primera expansión en el período republicano. Fue una nueva respuesta ante el avance en las comunicaciones por carretera que produce un aumento del parque automovilístico, y consiguientemente, un aumento de los accidentes de tráfico que requieren una atención rápida.

También se iniciaron las tareas de socorro en el mar y en aguas interiores y el salvamento de náufragos, que a través de la Cruz Roja del Mar, se convertiría en uno de los servicios más conocidos y valorados por la opinión pública. La Cruz Roja del Mar se constituyó en 1971 con el fin de velar por la seguridad de la vida humana en la mar en las costas españolas, tomando el testigo de la Sociedad Española de Salvamento de Náufragos, organismo cuyo origen se remonta a 1880.

La posibilidad de hacer el servicio militar en esta Institución supuso un importantísimo respiro a la gran necesidad de voluntarios que en esas fechas precisaba la organización, fruto de este desarrollo.

---

[231] SAMANIEGO, E.," Origen de la Cruz Roja", en: *Historia de la Cruz Roja de Gipuzkoa*, Fundación Kutxa, 2001, pág. 1. El Dr. Enrique Samaniego Arrillaga, es médico cirujano y Presidente de la Cruz Roja de Gipuzkoa.

[232] SUAY, J., "Conferencia magistral inaugural", en: CRUZ ROJA ESPAÑOLA, *Primer congreso nacional sobre transporte...",* obra citada, pág. 4.

[233] CLEMENTE, J. C., *La Cruz Roja en el mundo de hoy*, Monografías Beecham, nº 35, Madrid, 1986, pág. 11.

En esta década y especialmente coincidiendo con la visita del S.S. el Papa en 1982, la Cruz Roja[234], pone en servicio su primera flota de ambulancias medicalizadas y su red de antenas de clasificación[235].

A partir de 1985 se inicia una profunda reorganización con la democratización de la Institución, la potenciación de la participación de los voluntarios, la apertura hacia nuevos campos de actuación, en definitiva, una nueva Cruz Roja [236]. Durante esos años, se produce la "desmilitarización"[237] de la organización, de forma que en esos momentos, las personas que prestaban sus servicios en la Institución eran de tres tipos: por un lado, el voluntario convencional, por otra, el que efectuaba el servicio militar y por otra, aquellos que en base a la Ley de Objeción de conciencia, prestaban el servicio social sustitutorio en la Cruz Roja.

Aunque la Cruz Roja nace en España a partir de 1867[238], los últimos Estatutos antes de los actuales, datan de 1939. Pero, tal y como la conocemos hoy día, es a partir de 1988, cuando se efectúa una verdadera

---

234 Proceso liderado por la Cruz Roja de Gipuzkoa e impulsado por el entonces Director de Socorros y Emergencias, Eduardo Ayestarán Eguiguren, afamado médico cirujano del Hospital de la Cruz Roja y del Oncológico de Donostia-San Sebastián. Ayestarán fue uno de los principales impulsores de la medicalización en el transporte sanitario y de la reforma de la Cruz Roja en Euskadi, que posteriormente fue extendido a otros lugares.

235 Término por el que se conocía a los hospitales de campaña donde se efectúa el triage de los heridos. Este recurso contaba con un quirófano con material de cuidados intensivos, una zona de atención médica para 8 pacientes y unos anexos laterales con capacidad para atender 40 pacientes más.

236 Proceso liderado por José Miguel Varo León, verdadero pensador del proceso de modernización y "desmilitarización" de la Institución. Bajo su mandato se crearon las Unidades de Voluntariado de Socorros y Emergencias.

237 Proceso por el cual se fusionaron las Brigadas de Tropas de Socorro y la Cruz Roja del Mar, creándose las Unidades de Voluntarios de Socorros y Emergencias. De esta manera, se eliminaban sus mandos y símbolos similares a los militares pasando a tener un carácter meramente civil.

238 *Ver* SAMANIEGO, E., *La Cruz Roja: memoria y paz*, Michelena. Gipuzkoa, 2013, pág. 36. Esta obra ha sido editada con el apoyo de la Fundación Kutxa y presentada en septiembre de 2013. Trata magníficamente sobre la evolución histórica de la Institución

reorganización aprobando unos nuevos Estatutos[239], se crea la Unidad de Voluntarios de Socorros y Emergencias[240], que surge como unión de las Brigadas de Tropas de Socorro y la Cruz Roja del Mar, con uniforme diferente de carácter civil y se eliminan las jerarquías "pseudomilitares"[241] existentes hasta entonces.

En 1988, fruto de un convenio entre la entidad bancaria Banco Bilbao Vizcaya (BBV)[242] y la Cruz Roja, se ponen en servicio 1000 ambulancia en toda España, así como, centros coordinadores a través del número de teléfono 222222 y la asignación, por parte de Telefónica[243], del número abreviado 060, que nunca llegó a implantarse.

A finales de los 80, estamos ante un verdadero liderazgo de la organización en la prestación del servicio de ambulancias en España, pero es fundamentalmente en la década de los noventa, cuando se produce la gran modernización de la Institución y su adaptación a los nuevos retos que planteaba la sociedad Española. Por una lado, la consolidación de la intervención social con los colectivos vulnerables (personas mayores, refugiados e inmigrantes, afectados de SIDA, drogodependientes, infancia y juventud, población reclusa, discapacitados, mujer en dificultad social);

[239] Acuerdo de Gobierno del 22 de abril de 1988, Fuente: SAMANIEGO, E., *Historia de la Cruz Roja*... obra citada, pág. 130.

[240] Las Unidades de Voluntariado de Socorros y Emergencias, denominadas UVSE, son creadas en 1989, por la Asamblea Suprema de la Cruz Roja Española. Su primer Director Nacional, Don Mikel Bagües Erriondo, fue nombrado por el Presidente de la Asamblea Suprema de la Cruz Roja Española, el 11 de mayo de 1989. El Sr. Bagües, también fue Jefe de la Brigada de Tropas de Socorro y posteriormente Presidente de la Cruz Roja de Gipuzkoa. Fuente: CRUZ ROJA ESPAÑOLA, *Revista Cruz Roja*, Madrid, junio 1989, pág. 8 y ss. El autor del texto participó en el proceso de creación de las UVSE, desde la oficina central de la Cruz Roja.

[241] Los distintivos de graduación en las Brigadas de Tropas de Socorro eran muy parecidos a los del Ejerció de tierra hasta el grado de Brigada. A partir de este grado, las estrellas de los oficiales eran de 5 puntas (en el Ejercito de 6) y las de los jefes de 7 (en el Ejercito de 8).

[242] Actualmente, Banco Bilbao Vizcaya Argentaria (BBVA).

[243] En 1990 la asignación de números de teléfono de marcación abreviada, tipo 0XY (cero, equis, y) correspondía a la Compañía Telefónica Nacional de España y su elección no respondía a criterio operativo conocido.

por otro lado, el espectacular incremento de los programas internacionales (cooperación al desarrollo, ayuda humanitaria, cooperación institucional) que han supuesto un importante incremento de los recursos humanos y materiales dedicados a este ámbito. Todo este periodo, va acompañado por un proceso de modernización de las estructuras y democratización y mayor autonomía, que culmina con la aprobación de unos nuevos Estatutos de la organización.

Así, la Cruz Roja, ha sido una Institución que siempre ha estado presente y está en la asistencia y transporte sanitario en España. Ha sido un gran catalizador y sensibilizador, tanto hacia los profesionales sanitarios, al sector privado de ambulancias, como a la administración pública sanitaria, sobre la importancia que tienen este tipo de servicios en el proceso asistencial, entendiendo éste como el devenir que trascurre desde que ocurre un incidente y un primer observador llama a un número de teléfono, hasta que el paciente está ya rehabilitado sanitariamente.

En la actualidad, en la mayoría del territorio del Estado Español su presencia en el transporte sanitario urgente inmediato, es decir, el de atención permanentemente, es más bien simbólica, pero mantiene una importante intervención en los servicios preventivos[244].

Cruz Roja Española, cuenta con más de 700.000 socios y más de 700 Asambleas Locales en todo España.

[244] Servicios en los que se ubica un recurso por generarse un riesgo potencial que hace adecuado mantener una atención. Generalmente son eventos o espectáculos públicos, campañas de tráfico, y similares.

10.5 <u>La Asociación de Ayuda en Carretera.</u>

La Asociación de Ayuda en Carretera, cuyo lema es "detente y ayuda" (DYA), es una organización sin ánimo de lucro, principalmente formado por voluntarios y cuyos orígenes parten de la atención a heridos en carretera.

Se constituyó en Bizkaia en 1966, por el Dr. Juan Antonio Usparitza[245]. Le siguió Gipuzkoa[246] donde nació en 1973, a imagen y semejanza de su antecesora en Bizkaia.

Esta organización fue un verdadero impulso a la atención sanitaria urgente en general, aunque su misión principal fue, al menos en origen la atención a los accidentados de tráfico. Tuvo importantes actuaciones en la formación y concienciación de las personas para una atención adecuada en accidente de tráfico. En este sentido destaca la organización durante más de ocho años de la denominada "Semana objetivo: salvar una vida", cuya misión era concienciar a la ciudadanía sobre una actuación correcta en caso de accidentes de tráfico.

En la actualidad, DYA está presente en la mayoría de las provincias y Comunidades Autónomas [247] : Bizkaia, Gipuzkoa, Araba, Alicante, Barcelona, Cantabria, Cáceres, Extremadura, Girona, la Rioja, Lleida, Málaga Navarra, Zaragoza y también en Filipinas.

---

[245] Médico ginecólogo, nacido en Lekunberri (Navarra), el 7 de mayo de 1919 y director de la clínica Usparitza, pionero en el parto sin dolor. Fuente: DYA, *Memorias de la DYA 1966-2008*, Bilbao, 2009. Disponible en http://www.dya.es/Web/Modulos/Dya/Documentos/Memorias%20DYA.pdf

[246] Su principal impulsor fue el Sr. José Antonio Malo Fernández, Gipuzkoano sensibilizado por la atención a los demás y especialmente a las víctimas de accidentes de tráfico. *Ver* http://www.diariovasco.com/20081023/al-dia-local/durante-anos-20081023.html

El autor del texto fue socio fundador de la Dya de Gipuzkoa, ingresando en ella en Octubre de 1973.

[247] Datos en 2017. Fuente: www.dya.es

La DYA actualmente ha extendido sus servicios a otras áreas de actuación como la ayuda social, concretamente en su cartera de servicios figuran:

- Asistencia sanitaria urgente.
- Trasporte sanitario no urgente.
- Servicios de cobertura sanitaria preventiva.
- Rescate y Protección Civil.
- Formación.
- Transporte adaptado.
- Vigilancia y salvamento acuático.
- Superación de barreras arquitectónicas.
- Emergencias sociales.
- Cooperación internacional.

La Dya en el Estado Español, cuenta con 35 delegaciones, más de 2000 socios voluntarios y 240 vehículos (2013)[248].

[248] Fuente: Federación Española de DYA's.

11 COORDINACION OPERATIVA EN SEGURIDAD PUBLICA

11.1 Concepción inicial

Entendemos por coordinación operativa al conjunto de actuaciones organizadas que permiten la optimización de los recursos disponibles para responder a una situación de emergencia.

Este servicio es prestado a través de los centros de mando y control de cada organización y recibe las llamadas de los ciudadanos a través de números de teléfonos establecidos al efecto.

11.2 Marco histórico

En 1979, el Ministerio de Sanidad y Seguridad Social planteaba la problemática de la seguridad en centros sanitarios y determinó la conveniencia de mantener un contacto directo entre éstos y los servicios de emergencias, estableciendo:

> *"Todo establecimiento dispondrá de un sistema de alarma interior –pulsador de alarma, teléfono, intercomunicador o radio- que permita informar rápidamente de la existencia de un incendio al Centro de comunicaciones de la Institución, desde donde se iniciará instantáneamente la ejecución del Plan de Incendios"*[249].

Aunque España se caracterizó por la gran proliferación de números de teléfono de emergencias, los primeros esbozos de teléfono único surgen por parte de la Administración General del Estado con la implantación, a comienzos de la década de los 80, del número de emergencias 006.

---

[249] Orden de 24 de octubre de 1979, sobre Protección antiincendios en los Establecimientos Sanitarios. Todavía vigente. [http://noticias.juridicas.com/base_datos/Admin/o241079-msss.html]

El 006, llegó a disponer de tecnología propia en todos los Gobiernos Civiles, aunque únicamente se pusieron en funcionamiento operativo, de manera destacada, los de Ciudad Real, Asturias y Tarragona. De hecho, la Dirección General de Protección Civil del Ministerio del Interior llegó incluso a publicitarlo y difundirlo a través de varias publicaciones, afirmando que,

> *"(...) llamando al 006 y dando una breve explicación del suceso, la experiencia, conocimientos y formación del que atiende la llamada, hace que vayan los que tienen que ir con los medios que tengan que utilizar. Y así, la eficacia ante una catástrofe alcanza los niveles adecuados"*[250].

A finales de esta década, se escribía en un periódico sobre la incertidumbre a la hora de donde llamar en caso de emergencia[251].

A nivel autonómico público, la primera experiencia surge en Euskadi que configuró los llamados Centros de Coordinación Operativa (Sos Deiak)[252], a través del número de teléfono 088. El Decreto que los creó, fue recurrido ante el Tribunal Constitucional por el Estado, sentenciando [253] el mencionado órgano jurisdiccional, a favor del Gobierno Vasco.

Esta sentencia resultó muy interesante, ya que, de alguna manera, venía a re-definir el concepto y marco de la seguridad pública y de la Protección Civil. No obstante, el legislador no la tuvo mucho en cuenta ya que pese a su contenido, se promulgo la Ley de Protección Civil de 1985, que como era de esperar, a resultas del pronunciamiento del Alto Tribunal dos años

---

[250] DIRECCION GENERAL DE PROTECCION CIVIL, *Conocimientos generales de Protección Civil,* Ministerio del Interior, Madrid, 1989, págs. 36 y ss.

[251] EL PAIS. *¡Socorro! ¿Qué teléfono marco?* 31 de enero de 1989.

[http://elpais.com/diario/1989/01/31/espana/602204421_850215.html]

[252] Decreto 34/1983, de 8 de marzo, de Centros de Coordinación Operativa (Sos Deiak).

[253] Sentencia número 123/1984, de 18 de diciembre.

antes, también fue recurrida por el Gobierno Vasco, logrando también un fallo a su favor en varios de sus artículos, lo que hizo necesarias ciertas matizaciones posteriores a través de la Norma Básica de Protección Civil, de 1992.

Posteriormente, como consecuencia de la aplicación de la Decisión Comunidad Económica Europea[254], se comienza a implantar el Teléfono Único Europeo de Urgencias, a través de la marcación abreviada, uno, uno, dos, (1-1-2).

En España había una tradición de coexistencia de múltiples números de teléfono para el acceso a los servicios de seguridad, tanto de marcación abreviada, tipo 0XY (cero, equis, y) como de nueve cifras.

En España había una tradición de coexistencia de múltiples números de teléfono para el acceso a los servicios de seguridad, tanto de marcación abreviada, tipo 0XY (cero, equis, y) como de nueve cifras[255].

Solo de marcación abreviada, se contabilizan los siguientes:

---

[254] Decisión 91/396, de la Comunidad Económica Europea, de 29 de julio.

[255] Ver: ISTURITZ J.J., "Proliferación de los números de teléfono de urgencia y la coordinación de servicios urgentes", en *Emergencias.* 1989. Volumen 1, número 9, págs.: 9 y ss.

NÚMEROS DE TELEFONO DE URGENCIA DE MARCACION ABREVIADA EN ESPAÑA[256]			
SERVICIO	**NÚMERO**	**CUERPO/ORGANIZACION**	**AMBITO**
Leyenda: Estado: todo el territorio peninsular e insular de España. Local: cobertura municipal. Provincial: Cobertura provincial. Comunidad: Cobertura en la Comunidad Autónoma			
GENERAL	**1-1-2**	**Comunidad Autónoma**	**Todas**
	1006 (antes 006)	En desuso. Derivados al 1-1-2	
	088		
POLICIA	091	Nacional de Policía	Estado
	092	Policía Local	Local
	062	Guardia Civil	Estado
BOMBEROS	080	Bomberos municipales	Local
	085	Bomberos provinciales o de Comunidad Autónoma	Provincial/Comunidad
EMERGEN. SANITARIAS	061	Gobierno de la Comunidad Autónoma	Comunidad. Implantado en todas.
OTROS	011	Información de tráfico	Estado

11.3 Regulación

Europa regula la implantación de un único número para el acceso al sistema de seguridad pública, a través de la marcación abreviada, uno, uno, dos, (1-1-2)[257], en el año 1991[258] mientras que en España los primeros servicios fueron los de las Comunidades Autónomas de Baleares, Madrid y

[256] Fuente propia. Actualizado 2017

[257] Signatura que debe pronunciarse como uno, uno, dos y no ciento doce, para facilitar su conocimiento entre niños que numeren solo hasta el diez y pacientes mayores con dificultades numéricas o dislépsicas.

[258] Decisión del Consejo 91/396/CEE, de 29 de julio de 1991, relativa a la creación de un número de llamada de urgencia único europeo.

[http://eur-lex.europa.eu/LexUriServ/LexUriServ.do?uri=CELEX:31991D0396:ES:NOT]

Canarias[259], de hecho, estas regularon estos servicios antes que el propio Estado.

El Estado Español reguló su uso en 1997[260] a iniciativa del Ministerio de Fomento y al margen del Ministerio del Interior de forma que:

> *"se regula el acceso, mediante redes de telecomunicaciones, al servicio de atención de llamadas de urgencia a través del número telefónico 112".*
>
> *Para el acceso al servicio de atención de llamadas de urgencia se habilita, con carácter exclusivo nacional, el número telefónico 112 de llamadas de urgencia único europeo.*
>
> *2. El servicio de atención de llamadas de urgencia 112 será compatible con otros servicios de telecomunicaciones que sean utilizados en el ámbito de las diferentes Administraciones públicas para la atención de llamadas de urgencia de los ciudadanos.*
>
> *3. Los operadores de redes telefónicas públicas y de servicios de telefonía básica, de redes digitales de servicios integrados y de redes de telefonía móvil automática, deberán realizar a su cargo las adaptaciones técnicas pertinentes para permitir la implantación del número telefónico 112, como número único de acceso a los servicios de atención de urgencias en todo el territorio nacional, en el plazo de seis meses desde la entrada en vigor de este Real Decreto.*
>
> *4. A través del número 112 los usuarios de las redes citadas en el apartado anterior podrán acceder a los centros de recepción de llamadas a que se refiere el artículo 4 de este Real Decreto que tengan disponibles las entidades prestatarias que, de conformidad con lo dispuesto en el artículo 5, estén habilitadas para la prestación del servicio de atención de llamadas de urgencia, posibilitando así la atención de las llamadas por los citados centros de recepción.*
>
> *Artículo 2. Acceso al número 112.*
>
> *1. El número telefónico 112 podrá utilizarse por los ciudadanos para requerir, en casos de urgente necesidad, la asistencia de los servicios públicos competentes en materia de atención de urgencias sanitarias, de extinción de*

Marca del 1-1-2 de Catalunya (2011)

---

[259] Ver Canarias: DECRETO 62/1997, de 30 de abril, por el que se regula la implantación del Servicio de Atención de Urgencias y Emergencias a través del Teléfono Único Europeo de Urgencias 112. Disponible en: http://www.112canarias.com/info/pag/199762D/DECRETO62_1997.html

[260] Real Decreto 903/1997, de 16 de junio, de acceso mediante redes de telecomunicaciones, al servicio de atención de urgencias y emergencias, a través del número de teléfono 1-1-2. http://www.boe.es/buscar/doc.php?id=BOE-A-1997-14058.

incendios y salvamento, de seguridad ciudadana y, por la posible necesidad de coordinar los anteriores, de protección civil, cualquiera que sea la Administración pública de la que dependan.

2. Para garantizar la respuesta y atención adecuadas de las llamadas que se produzcan y asegurar una actuación rápida, ordenada y eficaz de los mencionados servicios, en el ámbito de las funciones y competencias que a cada uno le correspondan, las entidades prestatarias del servicio de atención de llamadas de urgencia 112 adoptarán las medidas necesarias en relación con los servicios de urgencia de su dependencia y establecerán los acuerdos o convenios de colaboración que sean precisos cuando tales servicios no sean de su titularidad.

Como puede comprobarse, estamos ante un Decreto de carácter tecnológico, al amparo del ámbito de las telecomunicaciones y que regula el acceso pero en caso alguno se concibió como un servicio de gestión de emergencias, lo que fue un verdadero error, solventado posteriormente por las Comunidades Autónomas en la práctica y con su propia regulación ordinara.

Señal de tráfico 1-1-2 de Canarias (1999). Actualmente instaladas.

11.4 **Prestación actual**

Aunque actualmente el 1-1-2, se encuentra operativo en toda España, el grado de implicación, respuesta y coordinación de recursos es muy variado de unas Comunidades Autónomas a otras.

Este servicio de teléfono único de urgencias se encuentra regulado por la Administración General del Estado, en el ámbito de la tecnología, no en vano fue el Ministerio de Fomento el que lo impulsó, pero es el área de la seguridad y más concretamente el de Protección Civil, la que se ha venido ocupando de él, desde su creación. Con el paso del tiempo, se ha ido imponiendo la operativa sobre la tecnología y actualmente suele ser tema constante a tratar en la Comisión Nacional de Protección Civil.

Se trata de un teléfono que permite el acceso del público al Sistema de Seguridad, es por lo tanto su puerta de entrada. Puerta, que no es única, ya que este teléfono 1-1-2 puede y de hecho convive, con otros números de urgencia, aunque cada vez en menor medida estadística.

Es un instrumento de fácil utilización, bajo la tutela pública, de ámbito europeo, de funcionamiento permanente y permite que, estando donde se esté, se pueda pedir ayuda.

11.4.1 Centro Coordinador.

Pero este servicio, que aporta un valor en sí mismo, como es el acceso fácil al Sistema, quedaría cojo si no fuera más allá, por lo que surge su evolución y aportación como Centro Coordinador encargado de regular y optimizar recursos.

Aprovechando la tecnología existente con el 1-1-2 y su equipo humano, se impone constituir, un espacio físico común, donde los diferentes agentes de los servicios de Policía, Bomberos, Sanitarios [261] y Protección Civil, comparten tecnología y saber hacer, para lograr una eficiencia a través de la coordinación de recursos. Es un "juntos pero no revueltos".

Es por tanto este segundo valor, la coordinación, el que fundamentalmente da carácter al Sistema de Seguridad Pública, ya que teniendo garantizada la puerta de entrada, la coordinación de servicios es uno de los pilares de cualquier Sistema de Seguridad.

Con este formato, el primero en implantarse en España fue el 1-1-2 de las islas Canarias, conviviendo en sus Salas Operativas profesionales de diferentes Cuerpos, tantos de Sanidad, Policía, Como Bomberos.

---

[261] Ver: FERRANDIZ, S., Asistencia de emergencias en Catalunya y respuesta sanitaria al 112, Mimeo, Barcelona, 1998.

11.4.2 Ámbito de responsabilidad.

En el ámbito de responsabilidad de este servicio, radica una buena parte de su éxito, pero es también lo que genera más diferencias de criterio entre los servicios intervinientes. De hecho, es lo que está imposibilitando su impulso definitivo.

En nuestra opinión, el 1-1-2 debe ser un servicio de tipo *"marca blanca"*, es decir, no implicado con ninguno de los intervinientes, ni con la Policía, ni Bomberos, ni sanidad. Debe ser un servicio profesional, especializado en el despacho y control de llamadas y servicios de seguridad y emergencias. Debe disponer de operadores y gestores específicos y con formación y acreditación en materia de optimización y coordinación de recursos.

Se trata por tanto de una singularidad más en los servicios de seguridad pública, que ha aparecido, fruto de la evolución tecnológica y que nos permite ofrecer un servicio de más calidad a los ciudadanos y visitantes.

Este servicio debe también respetar las particularidades y protocolos de los intervinientes, y por lo tanto, no entrar a valorar cómo éstos efectúan sus servicios específicos, de los que son verdaderos especialistas y responsables, sino lograr una "casa común" en donde todos se sientan cómodos.

Coincidimos plenamente con FERRANDIZ en el sentido de que,

> *(...) "la respuesta sanitaria al 112 está dentro de un modelo más amplio que es el de asistencia de emergencias. (...) Esta actitud aporta concreción y coherencia y en definitiva ahorros de tiempo ya que cada paso será sólido y definitivo "*[262]

[262] FERRANDIZ, S., *Asistencia de emergencias en Catalunya y respuesta sanitaria al 112, Mimeo*, Barcelona, 1998. En este trabajo el Dr. Ferrandiz, abunda en la integración del sistema de atención de emergencias médicas en el 112.

11.4.3 Coordinación de servicios.

Se trata por tanto, de no competir con ningún interviniente, ya que el 1-1-2 no interviene directamente sobre la emergencia, sino sobre su coordinación, sobre la coordinación de los intervinientes, es un instrumento al servicio de todos ellos, no de uno en particular.

Con el nacimiento del 1-1-2 surgieron importantes diferencias entre los diferentes operadores[263] que actuaban en la emergencia, especialmente en el ámbito de la gestión de la urgencia sanitaria ya que fue identificado como una amenaza[264].

Debe diferenciarse con claridad entre, la prestación del servicio de Policía, la de los Bomberos y la de Emergencias Sanitarias (atención prehospitalaria urgente), con la de recibir llamadas en demanda de auxilio y la coordinación de los servicios operativos. Esta coordinación es el principal valor que puede aportar el 1-1-2 al Sistema de Seguridad, el envío de los recursos más adecuados al tipo de incidente, evitar la duplicidad y conocer la operatividad de estos, así como, el tiempo de resolución de los incidentes.

La coordinación debe darse, por lo tanto, en base a protocolos operativos consensuados, que permitan determinar quién y cuándo va a actuar en un incidente tipo. Debe efectuarse una planificación previa entre iguales, entre intervinientes en los que ninguno está por encima o debajo de otro, sino que cada uno participa prestando su servicio al lado del otro[265] en la resolución del incidente. El centro coordinador se limita a ejecutar aquellos

---

263 Policía, Bomberos, Emergencias Sanitarias y transporte sanitario.

264 ISTURITZ, J. J., "La gestión de la urgencia y emergencia sanitaria", en: *Las Emergencias Sanitarias en Canarias: Sistema y régimen jurídico,* Litografía Romero, Las Palmas de Gran Canaria, 2004, pág. 245 y ss.

265 Ver BALLBE, M., MARTINEZ, R., Soberanía dual y constitución integradora...", obra citada.

protocolos que los intervinientes, con esa planificación previa, hayan acordado para cada tipo de incidente.

Desde este punto de vista, el servicio de coordinación no debe depender de ninguno de los intervinientes. Es más, en la situación actual en la que se encuentra Protección Civil, donde existe una confusión entre si su papel es de planificador, pero simultáneamente actúa como interviniente, se podrían producir interferencias y conflictos de intereses en la gestión del centro coordinador, en el caso de que la gestión de éste fuera realizada por uno de los intervinientes.

No obstante, al actuar el Centro Coordinador, como Centro de Coordinación Operativa (CECOP) previsto en la Ley de Protección Civil, en caso de activación del Plan de Emergencias, deberá actuar a las órdenes de la autoridad de Protección Civil por ser claramente el órgano competente en estas situaciones.

11.4.4 La coordinación como instrumento de mejora de la eficacia.

No hay que olvidar que en definitiva lo que pretendemos es mejorar la eficacia de los servicios de seguridad pública al menor coste, es decir, ser más eficientes, evitando duplicidades, compartiendo información clave, optimizando recursos. En definitiva, trabajando como sistema.

1-1-2 de Reus (Catalunya). 2010

Para ello es preciso utilizar cauces interpuestos que, además de lograr nuestro objetivo permitan alcanzar otros que nos hagan optimizar recursos.

Pero para lograr la coordinación, lo primero es conocerse. Conocerse es un elemento imprescindible, sin él, en términos generales, no es posible una coordinación y la experiencia nos dice que incluso los mandos que operan en una misma zona, no siempre se conocen, ya que en muchos casos, no se han visto físicamente nunca, habrán podido hablar por teléfono incluso, pero el conocimiento personal, el trabajo codo con codo habitual favorece la coordinación.

Es preciso tener en cuenta que, aunque tratamos con organizaciones jerarquizadas, no quiere eso decir que siempre se cumplan las órdenes en los términos en los que se desea, ya que por encima de la jerarquía está la condición humana, y ésta tiende a crear estructuras de compartimentos estancos que dificultan la coordinación.

Para finalizar cabe citar a BELTRAN DEL PINO (2014) que afirma:

> *"En el atardecer del 2.0, antes de que salga el sol del 3.0. Necesitamos otro efecto 2000 que resetee todo el sistema. Es el momento de que todos los servicios de emergencias tengan los mismos códigos y se coordinen.*
>
> *La administración no necesita estar en la cresta de la ola de las nuevas tecnologías salvo casos muy concretos. A partir del 1 de enero del 2000 el sistema volvió a fragmentarse, motivo por el cual es necesario hacer un pseudoefecto 2000 y sentarnos todos en la misma mesa"*[266].

[266] BELTRAN DEL PINO, J. Es el momento de unificar códigos en los servicios de emergencias. 8 días web. 2014. Disponible en:

http://www.ochodiasweb.es/sociedad/entrevistas/2014/10/7/juan-beltran-es-momento-unificar-codigos-servicios-emergencias-861.html

12 LA FORMACION

La formación es una pieza clave en la prestación de los servicios, no solo porque capacita a las personas, sino porque también crea un estilo organizacional que además, evoluciona con el tiempo ya que es dinámico.

Existen programas formativos tanto para el ingreso, ascenso como reciclaje y especialización.

12.1 **Formación policial**

La formación de los funcionarios policiales se efectúa en Academias publicas bien dependientes de la Administración General del Estado, como por ejemplo los casos de la Guardia Civil y el Cuerpo Nacional de Policía y las de las Policías Autónomas y Policías Locales, a través de organizaciones públicas de formación policial de las Comunidades Autónomas, como por ejemplo Arkaute en el caso de la Ertzaintza o Instituto de Seguridad Pública para los Mossos d'esquadra.

12.1.1 Administración General del Estado

12.1.1.1 Cuerpo Nacional de Policía

A la Escuela Nacional de Policía del CNP le corresponde desarrollar e impartir los cursos y programas formativos de acceso a las Escalas Ejecutiva y Básica del Cuerpo Nacional de Policía, así como las acciones formativas dirigidas a alumnos de otros cuerpos policiales que se establezcan en el ámbito de la cooperación policial, tanto a nivel nacional como internacional.

Asimismo llevará a cabo la programación y la ejecución de los cursos relacionados con la promoción interna de los funcionarios del Cuerpo Nacional de Policía, con excepción de aquellos encomendados al Centro de

Altos Estudios Policiales. En la Escuela Nacional de Policía, se incardinará, preferentemente, la actividad docente del Centro de Actualización y Especialización. La sede de la Escuela Nacional de Policía radicará en la ciudad de Ávila.

12.1.1.2 Guardia Civil

Al Centro de Enseñanza de la Guardia Civil en el que se imparten las enseñanzas de formación. A los aspirantes para su ingreso en la Escala de Cabos y Guardias del Cuerpo, con un curso académico de 9 meses de duración, que se completa con cuarenta semanas de prácticas en las Unidades Territoriales de la Guardia Civil. Al finalizar con éxito los planes de estudios y la evaluación del periodo de formación obtendrán el empleo de Guardia Civil y la titulación de Técnico del Sistema Educativo General.

A los Guardias Civiles para obtener el empleo de Cabo de la Guardia Civil. Tras finalizar con éxito los planes de estudios del curso correspondiente obtendrán el empleo de cabo.

A los Cabos y Guardias para acceder a la escala de Suboficiales, con un curso académico de 9 meses de duración, y que se completa con un periodo de prácticas a determinar en la convocatoria, en las Unidades Territoriales del Cuerpo. Al finalizar con éxito los planes de estudios y el periodo de formación obtendrán el empleo de Sargento de la Guardia Civil y la titulación de Técnico Superior del Sistema Educativo General.

Se encuentra ubicada en Jaén.

12.1.2 Comunidades Autónomas

12.1.2.1 Catalunya

La formación de los Mossos d'esquadra se efectúa mediante la Escuela de Policía del Instituto de seguridad pública de la Generalitat[267] ubicado en Mollet del Vallès (Barcelona)

12.1.2.2 Euskadi

La formación de los Ertzainas se efectúa mediante la Academia Vasca de Policía y Emergencias ubicada en Arkaute (Araba)[268].

12.1.2.3 Resto

Las Comunidades Autónomas tienen centros públicos para la formación de sus policías y de los policías locales de su ámbito territorial.

12.2 Formación en seguridad privada

Para ejercer una profesión en el ámbito de la seguridad privada debe realizarse el examen correspondiente y obtener una habilitación específica y registro en el Ministerio del Interior.

12.2.1 Vigilantes

La formación en materia de seguridad privada se efectúa en academia privadas acreditadas, aunque el examen lo efectúa el Ministerio del Interior.

12.2.2 Jefes y directores de seguridad

Obtención bien de un título universitario oficial de grado en el ámbito de la seguridad que acredite la adquisición de las competencias que se

---

[267] Ver: http://ispc.gencat.cat/ca/formacio/01_escola_policia_catalunya/

[268] Ver http://www.arkauteakademia.net/web/plea-avpe

determinen, o bien del título del curso de dirección de seguridad, reconocido por el Ministerio del Interior.

12.2.3 Detectives privados

Para los detectives privados, en la obtención bien de un título universitario de grado en el ámbito de la investigación privada que acredite la adquisición de las competencias que se determinen, o bien del título del curso de investigación privada, reconocido por el Ministerio del Interior.

La formación de los detectives privados es de carácter universitario y se trata de un título de al menos 180 créditos universitarios (tres años)

12.2.4 Acreditación para la docencia

El profesorado de seguridad privada debe tener una acreditación especifica del Ministerio del Interior.

12.3 La formación en Emergencias Sanitarias:

Los primeros esbozos en formación se tienen de la mano de la Cruz Roja Española a través de sus Escuelas de Socorrismo y de la Federación Española de Salvamento y Socorrismo (FESS).

Respecto de la **Federación de Salvamento y Socorrismo**, los orígenes del salvamento deportivo se remontan al año 1878[269], cuando se organiza en Marsella el Primer Congreso Internacional de Salvamento, reuniendo a personas interesadas en todas las facetas del salvamento y se plantea la creación de un organismo internacional que regule las asociaciones interesadas en el salvamento. En España, la primera asociación de salvamento se crea en 1914, bajo el nombre de Sociedad Española de Salvamento de Náufragos, que posteriormente entrará a formar parte de la

[269] Fuente: Real Federación Española de Salvamento y Socorrismo. http://www.rfess.es

Federación Española de Natación, como Sección de Salvamento Acuático. En 1961 se crea la Federación Española de Salvamento y Socorrismo, organización desvinculada de la Federación Española de Natación, encargada a partir de 1963 de la organización de los campeonatos de España de Salvamento y Socorrismo que se celebran anualmente.

No obstante, esta organización comienza también impartiendo cursos de socorrismo convencional, además de la especialidad de acuático, de forma que a finales de la década de los 70, toda la de los 80 y principios de los 90, es una de las pocas organizaciones que titula personal en socorrismo y socorrismo acuático, así como su especialidad docente de "monitor".

La **Cruz Roja Española**, ha tenido una gran experiencia impartiendo cursos de primeros auxilios desde hace más de treinta años. Comenzó, a través de la Inspección de socorrismo, creando posteriormente el Instituto de Formación de Socorrismo, implantando en las provincias centros de formación y creando, posteriormente, la Escuela Nacional de Socorrismo y los Departamentos Provinciales de Formación.

En el Estado español, los primeros esbozos desde el punto de vista público están de la mano del Gobierno Vasco, al regular indirectamente en 1985, el Asistente Sanitario de Ambulancia (ASA)[270]

En la actualidad, no existe una escuela de ámbito nacional que se encargue de la formación, supervisión o acreditación de este equipo humano, quedando de la mano de cada Comunidad Autónoma, quienes normalmente la imparten a través de las Escuelas de Salud de cada Comunidad.

---

[270] Orden de 9 de Agosto de 1985 del Departamento de Trabajo, Sanidad y Seguridad Social por la que se convocan ayudas destinadas a la formación de recursos humanos de las Entidades Públicas o Privadas sin ánimo de lucro que colaboran en la red del transporte sanitario de urgencia de la Comunidad Autónoma Vasca. Programa Asistente Sanitario Ambulancia (ASA) en el que participó el autor de este texto.

[http://www9.euskadi.net/cgibin_k54/ver_c?CMD=VERDOC&BASE=B03J&DOCN=000024226&CONF=/config/k54/bopv_c.cnf]

El personal médico y de enfermería se especializa a través de Másteres profesionales de ámbito universitario y recientemente a través de Másteres Oficiales en el ámbito del Espacio Europeo de Educación Superior[271].

En cuanto a los técnicos de transporte sanitario, el Ministerio de Educación, ha regulado el título de Técnico en Emergencias Sanitarias[272], como formación de carácter profesional, que habilita para el ejercicio profesional en esta materia y que corresponde a un ciclo formativo de grado medio, equivalente al título de formación profesional de primer grado anterior. No obstante, en estos momentos, no está regulado el título inmediatamente superior a este, el que sería formación profesional de segundo grado, de forma que existe un importante vacío legal en este ámbito profesional.

Especial relevancia tuvo en 1989, el Primer Plan Nacional de Resucitación cardiopulmonar (RCP)[273], de la Sociedad Española de Medicina Intensiva, Crítica y Unidades Coronarias Sociedad Española, actualmente implantado en todo España y que ha formado a más de 125.000 profesionales.

12.4 **La formación en Bomberos.**

España tiene un incipiente sistema de formación reglado para el acceso a la profesión de bombero. En este sentido, el Instituto Nacional de las Cualificaciones[274], (INCUAL) del Ministerio de Trabajo y Asuntos Sociales ha regulado la cualificación profesional de "Extinción de

---

[271] Reguladas mediante el Real Decreto 1393/2007, de 29 de octubre, por el que se establece la ordenación de las enseñanzas universitarias oficiales.

[http://www.boe.es/boe/dias/2007/10/30/pdfs/A44037-44048.pd

[272] Real Decreto 1397/2007, de 29 de octubre, por el que se e
Emergencias Sanitarias. (BOE número 282, del 24 de noviemb
[http://www.boe.es/boe/dias/2007/11/24/pdfs/A48178-48211.pd

[273] PERALES, N., I Plan Nacional de Resucitación Cardiopulmo

[274] Fuente: Instituto Nacional de las Cualificaciones creado por
junio, de las Cualificaciones y la
[https://www.boe.es/buscar/doc.php?id=BOE-A-2002-12018]

incendios y salvamento[275]", dentro de la familia profesional de "Seguridad y medio ambiente[276]". Por otra parte, existe cierta formación especializada para los Bomberos impartida en **la Escuela Nacional de Protección Civil**[277], entre cuyas funciones está la formación teórica y práctica, para la gestión de riesgos y emergencias de los colectivos pertenecientes a las administraciones públicas, que tendrían que actuar en el caso de que se produjera una catástrofe o situación de emergencia, así como, la formación y entrenamiento de mandos y personal de los diferentes servicios y organizaciones implicadas en la protección de personas y bienes en caso de emergencia. Esta Escuela, creada a comienzos de los años 90, ha intentado en varias ocasiones asumir el liderazgo de la formación de los equipos de Bomberos, pero únicamente lo ha logrado y solo en algunos años, para la formación de Bomberos de la Comunidad de Madrid. En la actualidad, el programa de estudios es muy variado y está orientado a cursos de especialización, tanto de Bomberos, como de Protección Civil.

12.5 **Emergencias y Protección Civil:**

La formación de los técnicos de Protección Civil, desde un punto de vista reglado ha sido regulada muy recientemente mediante el Real Decreto 907/2013, de 22 de noviembre, por el que se establece el título de Técnico en Emergencias y Protección Civil y se fijan sus enseñanzas mínimas[278] que es un título de Formación Profesional de Grado Medio; y mediante el Real Decreto 906/2013, de 22 de noviembre, por el que se establece el título de Técnico Superior en Coordinación de Emergencias y Protección

[275] Real Decreto 1087/2005, de 16 de septiembre. [http://www.boe.es/diario_boe/txt.php?id=BOE-A-2005-16420]

[276] Formación de nivel 2, código SEA 129_2 del Real Decreto 1087/2005.

[277] Creada por el artículo 4.3 del Real Decreto 901/1990, de 13 de julio. Es un órgano de la Dirección General de Protección Civil y Emergencias de España del Ministerio del Interior. [http://www.boe.es/buscar/doc.php?id=BOE-A-1990-16844]

[278] Disponible en: http://www.boe.es/diario_boe/txt.php?id=BOE-A-2013-13164

Civil[279] y se fijan sus enseñanzas mínimas, siendo un título de Formación Profesional de Grado Superior.

Existe otro tipo de formación más general en sistemas de emergencias, de organizaciones privadas con convenios con Universidades[280].

12.6 Formación profesional

Una de las principales carencias de nuestro sistema de Protección Civil es la falta de regulación de titulaciones relacionadas con la atención de emergencias y protección civil. De hecho la actual Ley en vigor[281] de 1985, no prevé ningún tipo de formación específica, mientras que otras Leyes semejantes han regulado figuras profesionales que, de una u otra forma, tienen que ver con materias relacionadas con la autoprotección y/o la protección civil, tal y como por ejemplo, la Ley de Seguridad Privada[282], regulando el director de seguridad y la de Prevencion de Riesgos Laborales[283], con las funciones de nivel básico, intermedio y superior -los denominados técnicos de prevencion de riesgos laborales-.

---

[279] Disponible en: http://www.boe.es/diario_boe/txt.php?id=BOE-A-2013-13163

[280] *Ver* RUIZ, A., "Simulacro de accidente de múltiples víctimas: sinergia docente y profesional con los servicios operativos", en: Emergencias 112, nº 83, Asociación Profesional de Técnicos de Bomberos, Leioa (Bizkaia), 2010. Disponible en:

http://www.aptb.org/articuloEmergencia112/22/55#.UkxtdIa-0us

El Prof. Agustí Ruiz Caballero es Director Gerente del Instituto de Estudios Médicos (IEM) y Director del Máster en Asistencia Integral en Urgencias y Emergencias de la Universidad Autónoma de Barcelona (UAB) para medicina y enfermería. Responsable de la asignatura Emergencias Médicas Pre-Hospitalarias en situaciones especiales de la Facultad de Medicina (UAB). Director del Máster en Medicina de Urgencias y Emergencias de la Universidad de Barcelona.

[281] Ley 2/1985 de 21 de enero, sobre Protección Civil. Nota: En la fecha de redacción de este documento, se está tramitando ante Las Cortes Generales el proyecto de Ley del Sistema Nacional de Protección Civil. Disponible en: http://www.congreso.es/public_oficiales/L10/CONG/BOCG/A/BOCG-10-A-125-1.PDF

[282] Ley 5/2014, de 4 de abril, de Seguridad Privada.

[283] Ley 31/1995, de 8 de noviembre, de Prevención de Riesgos Laborales.

Esta situación ha caracterizado a los técnicos de protección civil en un absoluto vacío regulatorio en cuanto a su formación, lo que ha favorecido la proliferación de gran número de actividades formativas, impartidas por organizaciones públicas y privadas, con importante contenido, pero sin ningún valor académico ni profesional[284].

En los últimos años se han regulado varios títulos de formación profesional y certificados de profesionalidad en materias relacionadas con la atención de emergencias y protección civil, por eso, este documento pretende dar una luz sobre su organización y oficialidad.

12.6.1 Organización marco de los niveles formativos:

12.6.1.1 Efectos académicos y profesionales

Debemos distinguir primeramente el efecto que produce la formación o acreditación. Por una parte, aquella formación que tiene efectos académicos y también profesionales; y de otra, que solo aquella que tiene efectos profesionales pero carece de académicos.

De esta manera, la formación con **efectos académicos** permite una equiparación y oficialidad, así como, la promoción con efectos académicos, por ejemplo, los títulos de bachiller, el de formación profesional o el de grado universitario.

Por otro lado, está la que únicamente tienen **efectos profesionales**, es decir, surte efectos exclusivamente laborales y no académicos, de forma que éstos últimos no permiten una equivalencia oficial con otros programas formativos, pero lógicamente si habilitan para el ejercicio de una

[284] Ver: ISTURITZ, J.J, "Regulación y organización de servicios de atención de emergencias y protección civil". Tesis doctoral depositada en la Universidad Autónoma de Barcelona. Barcelona. 2013. pág. 93. Disponible en: http://www.tdx.cat/bitstream/handle/10803/129317/jjip1de1.pdf?sequence=1

determinada profesión. Por ejemplo, podemos citar el título de Director de Seguridad o los Certificados de Profesionalidad.

12.6.1.2 Nivel académico

En cuanto al rango académico, tenemos por una parte, aquella formación de nivel de formación profesional, conformada por los títulos de formación profesional (FP) y los certificados de profesionalidad y por otra, la formación de carácter universitaria, tanto de Grado (anteriores Licenciaturas y Diplomaturas) como de postgrado (Master y Doctorado).

12.6.2 Formación Profesional y Certificados de Profesionalidad

12.6.2.1 Tipos de formación profesional

Con validez a efectos profesionales y de nivel formativo previo al universitario, existen dos tipos de acreditaciones. Por una lado, la de "módulos de formación profesional (FP)", con títulos expedidos en el ámbito del Ministerio de Educación, y por otro, los "certificados de profesionalidad", expedidos por el Ministerio de Empleo. Los primeros, tienen validez académica y profesional y los segundos únicamente profesional.

a) Niveles

En cuanto a la formación profesional hay de dos niveles:

- FP de grado superior: Es la de mayor nivel y cuya competencias profesionales son en actividades que requieren dominio de técnicas y que se ejecutan con autonomía. Existe responsabilidad de supervisión de trabajo técnico y especializado y comprensión de los fundamentos técnicos y científicos de las actividades y del proceso.
- FP de grado medio: Es aquella cuyas competencias son en actividades determinadas que pueden ejecutarse con autonomía, con capacidad de

utilizar instrumentos y técnicas propias y conocimientos de fundamentos técnicos y científicos de la actividad del proceso.

Conviene dejar claro, por tanto, que a efectos profesionales, ambos tipos de títulos, los de formación profesional y los certificados de profesionalidad permiten el ejercicio de la profesión o actividad relacionada.

b) <u>Titulaciones disponibles</u>

En el ámbito de la atención de emergencias y protección civil, los títulos oficiales existentes son los siguientes:

c.1 Formación profesional académica (Ministerio de Educación)

Recientemente, se han establecido varios títulos de formación profesional en el ámbito de la atención de emergencias, principalmente los siguientes:

a) Relacionado con las emergencias sanitarias (familia de sanidad): Técnico de Emergencias Sanitarias (FP de nivel medio).

b) Relacionado con la protección civil (familia de seguridad y medio ambiente): El Técnico Superior en Coordinación de Emergencias y Protección Civil (FP de nivel superior) y el de Técnico en Emergencias y Protección Civil (FP de nivel medio)

c.2 Certificados de profesionalidad (Ministerio de Empleo):

a) Relacionado con las emergencias sanitarias (familia de sanidad):
    a. Atención sanitaria a múltiples víctimas y catástrofes.
    b. Trasporte sanitario.

b) Relacionado con la protección civil (familia de seguridad y medio ambiente):
    a. Gestión y coordinación en protección civil y emergencias.

b. Tele operaciones de atención, gestión y coordinación en emergencias.

c) Relacionado con la prevencion y extinción de incendios (familia de seguridad y medio ambiente):

a. Extinción de incendios y salvamento.

b. Prevencion de incendios y mantenimiento.

c. Otros relacionados con los incendios forestales.

Posteriormente, analizaremos los títulos de formación profesional existes relacionados con la atención de emergencias y protección civil.

12.7 **Formación universitaria**

Existen dos tipos de titulaciones universitarias, la denominadas propias, que son títulos que expiden las Universidades en el ámbito de su competencia y cuya validez es principalmente a efectos profesionales, en función del reconocimiento que cada organización pueda dar; y por otra, los títulos oficiales, con validez en todo el territorio del Estado y efectos, tanto académicos como profesionales esto último para aquellos títulos que así lo tengan reconocido como tal.

Existen dos niveles:

b.1. Pregrado: Hasta hace unos años –aunque todavía existen con los planes antiguos- las titulaciones superiores universitarias eran de Licenciado, Ingeniero o Arquitecto, normalmente de cinco años de duración-, o las de grado medio: Ingeniero Técnico, Arquitecto Técnico o Diplomado. Con la entrada en vigor del Espacio Europeo de Educación Superior (Plan Bolonia), las titulaciones anteriores han pasado a denominarse de Grado, con una duración con carácter general, de cuatro años.

b.2. Postgrado: Son los denominados Master, con una duración de uno o dos cursos. También el título de Doctor, con una duración de tres años, siendo este el de mayor rango académico.

Actualmente, no existe una norma que exija una titulación de rango universitario para el ejercicio de una profesión de gestión en el sector de atención de emergencias y/o protección civil. Hay varias titulaciones denominadas Grado en seguridad o denominaciones similares, pero más relacionadas con la actividad policial y de seguridad privada. *Grosso modo,* actualmente y solo a título orientativo, existen las siguientes con relación con el objeto de este trabajo:

De nivel de Grado: Grado en prevencion y seguridad integral de la Universidad Autónoma de Barcelona. Grado en seguridad y control de riesgos de la Universidad de Las Palmas de Gran Canaria.

De nivel Master: Master oficial en prevencion y gestión de riesgos a la comunidad de la Universidad Autónoma de Barcelona. Master en seguridad de la Universidad Nacional de Educación a Distancia.

De nivel Doctor: Programa de doctorado de la Universidad Autónoma de Barcelona.

12.8 **Figuras reguladas en formación profesional**

12.8.1 Técnico superior en coordinación de emergencias y protección civil

La figura del Técnico Superior en Coordinación de Emergencias y Protección Civil está regulada en el Real Decreto 906/2013 [285], como formación profesional de grado superior y perteneciente a la familia

[285] Real Decreto 906/2013, de 22 de noviembre, por el que se establece el título de Técnico Superior en coordinación de Emergencias y Protección Civil y se fijan sus enseñanzas mínimas. Disponible en: http://www.boe.es/boe/dias/2013/12/17/pdfs/BOE-A-2013-13163.pdf

profesional de seguridad y medioambiente, con una duración formativa de 2.000 horas.

La competencia general de este título consiste en coordinar y supervisar la evaluación de riesgos, planificación e intervención en emergencias y acciones de protección civil y logística humanitaria que tienen origen natural, tecnológico y antrópico, garantizando la seguridad de las personas y de los bienes.

12.8.2 Técnico en emergencias y protección civil

La figura del Técnico en Emergencias y Protección Civil está regulada en el Real Decreto 907/2013[286], como formación profesional de grado medio de la familia profesional seguridad y medioambiente y una duración formativa de 2.000 horas.

La competencia general de este título consiste en intervenir operativamente, cumpliendo con las normas de seguridad, en emergencias provocadas por sucesos o catástrofes originadas por riesgos diversos (naturales, antrópicos y tecnológicos), tanto en entorno rural y forestal como urbano, realizando las actividades de control, mitigación y extinción de los agentes causantes de dichos sucesos (fuego, avenidas de agua y sustancias NBQ, entre otros), el rescate, el salvamento y la atención como primer interviniente de las personas afectadas y la rehabilitación de emergencia de las zonas o bienes concernidos, manteniendo operativos los vehículos, equipos, máquinas y herramientas de intervención, así como organizar los equipos y unidades bajo su responsabilidad y contribuir a la divulgación y cumplimiento de los principios y normas de protección civil,

[286] Real Decreto 907/2013, de 22 de noviembre, por el que se establece el título de Técnico en emergencias y Protección Civil y se fijan sus enseñanzas mínimas. Disponible en: http://www.boe.es/boe/dias/2013/12/17/pdfs/BOE-A-2013-13164.pdf

aplicando la normativa vigente en materia de inspección y planes de autoprotección de edificios e instalaciones industriales.

12.8.3 Técnico emergencias sanitarias

La figura del Técnico en Emergencias Sanitarias (TES), está regulada en el Real Decreto 1397/2007[287], como formación profesional de grado medio de la familia profesional sanidad y una duración formativa de 2.000 horas.

La competencia general de este título consiste en trasladar al paciente al centro sanitario, prestar atención básica sanitaria y psicológica en el entorno prehospitalario, llevar a cabo actividades de tele operación y tele asistencia sanitaria, y colaborar en la organización y desarrollo de los planes de emergencia, de los dispositivos de riesgo previsibles y de la logística sanitaria ante una emergencia individual, colectiva o catástrofe.

[287] Real Decreto 1397/2007, de 29 de octubre, por el que se establece el título de Técnico en Emergencias Sanitarias y se fijan sus enseñanzas mínimas. Disponible en: https://www.boe.es/boe/dias/2007/11/24/pdfs/A48178-48211.pdf

13 BIBLIOGRAFIA

BALLBE, M., "Diez años de seguridad y política autonómicas", en: *Revista catalana de derecho público*, nº 12, Barcelona, 1990.

BALLBE, M., "Seguretat global per a una Catalunya global", en: *Diàlegs interiors*, Generalitat de Catalunya, Barcelona, 2006.

BALLBE, M., MARTINEZ, R., *Soberanía dual y constitución integradora: la reciente doctrina federal de la Corte Suprema norteamericana,* Ariel Derecho, Barcelona, 2003. pág. 183.

BALLBE, M., *Seguridad integral. Un nuevo concepto,* Instituto Superior de Estudios de Seguridad, Barcelona, 2003.

ISTURITZ, J. J., "Planificación integral de la seguridad", en: *Cuadernos de seguridad,* nº 282, Madrid, 2013.

ISTURITZ, J. J., "Planificación integral de la seguridad", en: *Cuadernos de seguridad,* nº 282, Madrid, 2013.

ISTURITZ, J.J., "Regulación y organización de servicios de seguridad pública y protección civil". Tesis doctoral depositada en la Universidad Autónoma de Barcelona. Barcelona. 2013. Disponible en: http://www.tdx.cat/handle/10803/129317

IZU, M., "De la Protección Civil a la gestión de emergencias: la evolución del marco normativo", en: *Revista Aragonesa de Administración Pública,* nº 35, Zaragoza, 2009.

MARTIN FERNANDEZ, M., *La profesión de Policía,* Siglo Veintiuno, Barcelona, 1990.

MARTIN FERNANDEZ, M., *Mujeres Policía,* Centro de investigaciones sociológicas, Madrid, 1994.

14 EL AUTOR

José Julián Isturitz

(Donostia-San Sebastian, 1957)

Doctor por la Universidad Autónoma de Barcelona en el Programa de Derecho Público Global.

Master en prevencion y gestión de riesgos a la comunidad. Experto Universitario en Seguridad. Máster Universitario en Seguridad Global. Master en Prevención de Riesgos Laborales. Diploma en dirección de Administración Pública.

Entre otras funciones, en el ámbito de la seguridad, ha ocupado las siguientes posiciones: Gerente del Consorcio de Emergencias de Gran Canaria. Gerente del sistema de emergencias médicas 061-Generalitat de Catalunya. Director de analistas-consultores. Director General de Seguridad y Emergencias del Gobierno de Canarias. Director Gerente de Gestión de Servicios para la Salud y Seguridad del Gobierno de Canarias. Vicepresidente de los Consorcios de Emergencias-Bomberos de Santa Cruz de Tenerife y Gran Canaria.

Acreditado como técnico competente en planes de autoprotección por los Gobiernos de Euskadi, Catalunya y Canarias. Certificado en Protección Marítima.

Profesor responsable de varias asignaturas, en el Grado Oficial en Prevencion y Seguridad Integral, de la Escuela de Prevencion y Seguridad Integral de la Universidad Autónoma de Barcelona, así como, Coordinador docente del Master en gestión de riesgos y emergencias. Codirector de tesis doctorales sobre seguridad y emergencias.

Pertenece a varias sociedades científicas y asociaciones profesionales relacionadas con la seguridad y protección civil.

AGRADECIMIENTOS

Sería muy larga la lista de personas a las que tengo que agradecer la ayuda y apoyo en mis años de estudio y trabajo, por eso, quiero expresarlas en dos personas que significaron mucho y que ya nos están con nosotros. Una Xabier Aramburu Sagarzazu, mi amigo personal que siempre me orientó y acompañó en los momentos más difíciles y la segunda, a lo que representa Jaume Curbet Hereu en mi ámbito profesional. ¡Donde estéis cuidad de nosotros!

Pero de manera especial y singular, quiero agradecer a **Isabel Loinaz Izaguirre** por acompañarme en todas mis "aventuras", leer mis "letanías" y por el amor que siempre me manifiesta. Igualmente, a nuestras hijas Naiara e Irati, fruto de dos personas que se aman, ahora ya, dos excelentes personas y profesionales a las que dedicamos nuestros esfuerzos.

Mientras unos se preocupan por la seguridad, otros nos ocupamos de ella.

JJI

FSC
www.fsc.org
MIX
Papier | Fördert gute Waldnutzung
FSC® C083411

Kolibri 360 GmbH
Ferdinand-Jühlke-Straße 7
99095 Erfurt, Deutschland
produktsicherheit@kolibri360.de

Druck:
CPI Druckdienstleistungen GmbH
im Auftrag der
Kolibri 360 GmbH
Ferdinand-Jühlke-Str. 7
99095 Erfurt